남토북수의 땅 연천의 노래

통일에 산다
Living in Unification

임영옥 지음

도서출판 로기아

통일에 산다

2016년 12월 25일 초판 발행

지은이 임영옥
펴낸이 이영숙
디자인 유재헌
홍 보 배성령
제 작 송재호
펴낸곳 로기아(출)
제작지원 가나북스

공급처 가나북스 www.gnbooks.co.kr
출판등록 제393-2009-12호
전 화 031-408-8811代
팩 스 031-501-8811

ISBN 979-11-957425-3-0

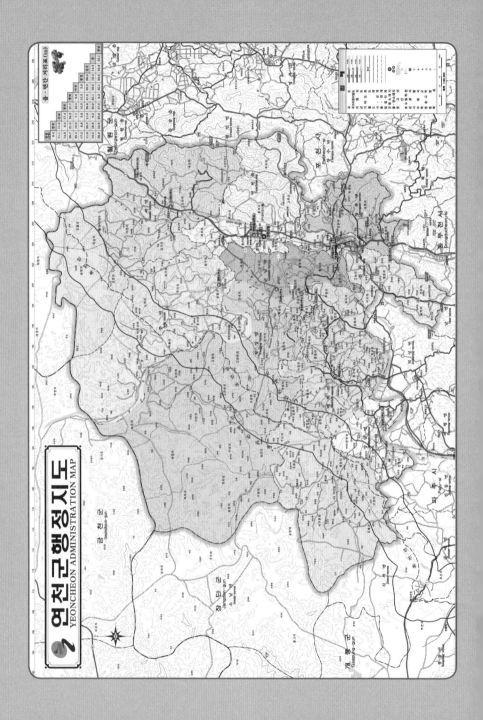

연천군행정지도
YEONCHEON ADMINISTRATION MAP

연천 군민의 헌장(憲章)

1. 옛것을 익히고 새것을 받아들여
내 고장을 이상향(理想鄕)으로 만든다.

2. 내 고장의 고적(古蹟)과 자연(自然)을 아끼고 보살펴
향토애(鄕土愛)를 북돋는다.

3. 법(法)과 질서(秩序)와 공중도덕(公衆道德)을 지켜
서로 믿고 사는 사회를 이룬다.

4. 시간(時間)을 아껴 부지런히 일하며 검소(儉素)하고
알뜰하게 살아간다.

5. 착한 말씨, 고운 말씨, 바른 몸가짐으로
예절(禮節)바른 사람이 된다.

6. 어른을 섬기고, 어린이를 사랑으로 이끌며,
누구에게나 친절(親切)한다.

7. 가정(家庭)에 충실하고, 사회봉사(社會奉仕)에 힘쓰는
쓸모있는 군민(郡民)이 된다.

연천 군민의 노래

1. 군자산 상상봉은 우리 연천 파수꾼
   아득한 옛날부터 우리 고장 지키네
   한탄강 한 여울은 우리 연천 숨소리
   살아서 흘러 흘러 우리고장 삶 피네
   산도 좋고 물도 좋고 인심도 좋아
   살기 좋은 우리 연천 복받은 군민

2. 망곡산 올라가서 애국심을 다지고
   임진강 굽어보며 민족혼을 일깨네
   삼팔선 정계비는 우리 국토 통일을
   우리가 앞장서서 이루자는 알림표
   열사 나고 열녀 나고 효자효녀 난
   자랑스런 우리 연천 떳떳한 군민

들어가는 말

남토북수(南土北水)의 땅 연천
북쪽 땅에서 흘러온 물로
남쪽 땅에서 농사를 짓는 연천
어머니가 흘려보낸 눈물로 농사를 짓고 살아가는 곳
북녘 동포들의 마음을 받아 마시고 꿈을 보는 곳
바라보는 통일이란 없다
지금 우리는 통일에 산다

하늘도 하나이고 땅도 하나인데,
구름도 떠 놀고 산짐승도 오고가는데,
사람들만 갈라져서 남이니, 북이니 하는가?
그런 것들은 다 잊어버리고
날마다 우리는 통일에 산다
바라는 통일이 아닌 지금 우리는 통일에 살고 있다
남토북수의 땅 연천
우리는 영원히 통일에 산다
흘러간 옛 이야기들이 고적(古蹟)속에 삭여있고
아름다운 대자연은 행복한 춤을 춘다
서로 믿고 도우면서 통일을 만들어 간다
북에서 흘러 온 물에서 북녘 동포들의 안부를 살피고
임진강 물줄기에 대한민국의 꿈을 세계에 보내는 곳
삼천리반도 금수강산의 심장부 연천은
오늘도 가파른 숨결 속에 통일을 노래한다

높고 낮은 봉우리의 숲을 흔들며 바람이 분다
아주 미세한 소리에서 흘러나오는 소리를 듣는다
통일을 위해서 목숨을 버린 영령들의 외침의 소리
우리는 젊은 목숨을 드려서 나라를 지켰다고
지금도 조국을 위해서 싸우고 있다고
찬 서리 비바람을 마다않고 오르내렸든 봉우리
하룻밤 사이에 열 번도 더 넘게 기어오르면서
육박전을 하다가 산화(散花)해 갔다고
너도 죽고 나도 죽어서 여기에 묻혀있다고
일편단심 순국청년들의 탄성이 들려온다
호국의 영령들이 통일을 지켜주는 땅 연천
연천이 있어 조국을 지키고,
연천이 있어 통일이 있다
연천 사람들은 호국의 영령들과 함께 통일에 산다

태극기 휘날리며 대한민국 만세를 부른다
글은 글일 뿐이다. 마음의 생각을 글로 옮겨 놓았을 뿐이다
자나 깨나 바라는 우리의 통일을 가슴속에 품고
연천 사람들은 조용히 살아가고 있다
통일 속에서 열심히 살아가고 있다
깊은 산속 어두운 잠호(潛壕) 속에 몸을 감추고 있는 우리 국군들의 가슴속에도 통일
로 가득 차 있다
남북한을 합쳐서 22만 제곱평방 키로미터의 땅
세계의 구석진 곳까지 파고들어서

지구촌을 일구어 가고 있는 우리 대한사람 7,000만의 가슴 속에는 오직 통일이 있을 뿐이다.

단군성조(檀君聖祖)께서 세워 주신 홍익인간(弘益人間)의 얼을 가슴 속에 새기고 살아가는 우리 민족들의 꿈이 서린 연천이라는 곳은 참으로 자랑스럽다. 산줄기를 타고 흐르는 샛강들은 땅속 깊이 간직한 고적(古蹟)들을 타고 흐르면서 옛 이야기를 나눈다.

조국의 통일을 위해서 바친 호국선열(護國先烈)들의 넋을 안고 날마다 힘차게 살아간다.

백두대간(白頭大竿)의 한 가운데서 도도하게 흐르는 임진강을 끼고 도는 우리 땅은 갈라지지 않았다. 우리는 통일 속에 산다.

구비쳐 흐르는 한탄강의 물은 연천 사람들의 마음씨인가?

차거우면서 맑음을 간직하고 살아간다.

세계 인류가 부르는 "코리어(Korea)"는 고려(高麗)를 나타내는 우리의 국호(國號)이다.

남과 북을 하나로 묶어서 "코리어"가 아닌가? 그 이름이 우리 연천에다 뿌리를 박고 있다. 천년 왕국의 신라도 경순왕(敬順王)을 끝으로 연천으로 오셨고, 후백제(後百濟)의 견훤왕(甄萱王)까지 봇짐을 싸들고 찾아와서 나라를 고려(高麗)에 바쳤었다. 아무리 철조망(鐵條網)이 남북으로 막아있어도, 산새들과 짐승들이 오고가는 곳 연천은 언제나 통일에 산다. 남토북수로 얽혀서 살고, 눈을 들어 새파란 하늘로 마음을 보내고, 찌뿌린 북쪽 하늘을 보면서 북한 동포들의 안부를 살피는 연천 사람들은 언제나 통일에 산다. 그러한 일들을 담아서 글로 써 보려고 한다.

연천 사람들은 선사시대(先史時代)부터 있어 온 역사의 유적을 발로는 짓밟고, 몸으로는 깔고 앉아서 통일을 누리면서 살아가고 있다는 말을 글로 옮겨 보았다.

특히 이 글을 쓰는 사람은 우리나라 남단의 작은 산골짝 팔영산(八影山) 속의 안양동(安養洞)이라는 오지(奧地), 산짐승들이 우굴거리는 화전민(火田民)들 틈에 끼어서 살았기 때문에 남들처럼 배우지도 못했고, 헐벗고 굶기를 밥 먹듯이 하면서 살았으나, 하나님의 은혜로 미국에까지 건너가서 공부도 하고, 미국의 시민권(市民權)을 가지고 세계를 누비면서 살다가 마지막으로 한줌의 살과 한 조각의 뼈라도 내 사랑하는 조국 땅 대한민국에 묻고 싶어서 미국의 시민권(市民權)까지를 포기하고 조국의 품으로 돌아왔다.

마지막으로 나의 인생을 마감하고 싶은 땅이 어디인가를 두고, 최소한 우리나라 남한강산을 겨의 다 누비고 헤매었다.

내 눈에 비친 조국의 땅은 가는 곳마다 아름답고 화려한 우리나라 금수강산을 더러운 발로 함부로 딛고 다니기가 부끄러울 만큼 사랑스럽고 아름다운 땅이었다. 그것이 내가 찾는 조국이었다.

그 가운데서도 연천은 감동으로 벅찬 자랑스러운 땅이었다.

그토록 바라는 우리의 소원인 남북한의 통일을 그리고 바라는 곳이 아니라, 연천 사람들은 지금 당장 통일에 살고 있다는 것을 발견했을 때, 나도 모르게 탄성이 터져 나왔다. 봉우리마다 우리의 젊음이 목숨을 바쳐서 지켜준 통일의 열매가 가득 찬 나의 조국이었다.

한탄강과 임진강을 젖줄로 하고, 남토북수의 땅을 일구면서 살아가는 연천군민 한 사람 한 사람이 그렇게도 부럽고 자랑스러워 보였다.

청아하게 흐르는 한탄강과, 도도하게 뻗어진 임진강의 물줄기와, 공해에서 벗어나서 자연의 풍치를 그대로 안고 춤을 추는 자연의 모습과, 비지땀을 흘리면서 나라를 지키기 위해서 수고하는 우리의 자랑 군인들의 모습이 황홀할 정도로 예쁘고 자랑스러웠다.

그리하여 나도 여기에 끼어 살면서 무엇인가 마음의 노래를 부르고 싶었다. 그리고 글을 쓰고 싶었다.

나라를 사랑하고, 남북한 통일의 심장인 연천에서 평화통일을 바라는 간절한 마음을 담아서 연천의 노래, "통일에 산다"라고 하는 글을 쓴다. 우리 모두 같은 마음으로 살자고 글을 쓴다. 늙어서 쓰러진 마른 뼈라도 이 땅 연천에 묻어두고 통일조국의 노래를 부르려고 여기에 왔다.

그러한 뜻을 모아서 '남토 북수의 땅 연천의 노래, 통일에 산다'라는 글을 썼다.

남북한의 통일이 이루어지는 날, 우리 연천은 조국 대한민국의 심장부(心臟部)가 될 것이라는 꿈을 가지고 글을 써 보았다.

나는 조국 대한민국을 사랑한다. 천한 몸을 드리는 한이 있을지라도 내 조국 대한민국을 사랑한다는 뜻을 담아서 글을 썼다.

잘 쓰고 못쓴 것에 대해서는 꿇어 엎드려서 용서를 빌고 통일을 바라는 마음으로 붓을 놓는다.

내가 '아버지'로 믿는 하나님의 은총(恩寵)이 모든 분들과 함께 하시기를 빌어 드린다.

林永沃 드림

목차

Chapter

01

땅으로 보는 연천

대한민국(大韓民國) 경기도(京畿道)의 최북단에 자리하고 있는 연천군(漣川郡)은 군자산(君子山)과 망곡산(望谷山)을 두 기둥으로 하고, 산봉우리들을 엮어서 지붕으로 하여 "연천군"이라는 집을 지어서 살아가고 있다.

총면적 675.22평방 키로미터로, 경기도에서는 다섯 번째로 넓은 땅이고, 서울특별시의 1.2배에 해당되는 넓은 면적을 가진 군(郡)이지만, 이 땅의 97.8%가 군사시설(軍事施設) 보호구역으로 되어 있어서 사실상 군사지역이라고 해야 할 것이다.

그렇지만 연천군(漣川郡)은 2읍 8개 면(面)에 96개의 평화스러운 마을들로 짜여져 있고, 과거나 현재나 영원한 미래를 두고"오직 통일"이라는 우리 민족의 꿈을 키워나가는 곳임을 자부한다.

경기도의 최북단에 위치한 연천군은 동쪽으로는 연천읍과 청산면을 경계하여 포천시(抱川市)를 사이에 두고 있으며, 서쪽으로는 장남면이 파주시(坡州市)와 경계를 이루고, 북쪽은 신서면이 북한 황해도(黃海道)의 금천로 및 강원도(江原道)의 철원군(鐵元郡)과 인접해 있고, 남쪽으로는 전곡읍 간파리를 중심으로 동두천시(東豆川市)와 경계를 하고 있다.

인구 45,725명의 군민에(2015년 12월 말 기준), 24개의 초, 중, 고등학교가 있으나, 아직 대학교(大學校)가 없다는 것이 아쉽기는 하지만, 그래도 대학교에서 휴학(休學)을 해두고 군(軍)에 입대한 군인대학생(軍人大學生)들로 짜여진 '대학인(大學人)이 모여서 이룬 군(郡)'이라는 것도 연천군의 특수성 중의 하나이면서 자랑이라고 할 것이다.

어느 지역 시군(市郡)의 자치단체가 중요하지 않으리오 만은 유독 연천군은 참으로 중요하고 자랑스러움으로 가득 채워져 있는 땅이다. 그것은 면적이 넓어서도 아니고, 인구가 많아서도 아니고, 어떤 특산물이 많이 나기 때문에서도 아니다.

처음부터 연천군은 대한민국이라는 우리나라와 함께 국토(國土) 상으로나 역사적(歷史的)으로나, 자리하고 있는 그 위치(位置)와 상황(狀況)이 참으로 중요하면서도 자랑스러움으로 그려져 있다. 흘러 간 과거의 역사 속에서도 그랬고, 현재에도 그렇고, 역사가 계속되는 한 영원한 미래에도 연천은 중요하고 자랑스러운 우리민족 '삶의 중심터전'이다. 무엇보다도 연천은 그토록 통일을 바라던 우리의 젊은 장병의 영령(英靈)들이 산야에 묻혀서 산골마다 통일을 지켜주는 땅이다.

면적(面積)이라 해야 겨우 675.22 평방키로 미터에 불과하다. 그리고 상주인구(常住人口)는 겨우 45,000여 명에서 7만 정도에 지나지 않는다. 그러나 여기에 우리의 자랑 대한민국의 군인(軍人)들이 자리하고 함께 살아가고 있다. 이들은 국방의 의무를 다하기 위해서 나라를 지키고 있다는 단순한 이유에서만이 아니라, 나라의 만년대계(萬年大計)를 양 어깨에 짊어지고 조국의 미래를 설계(設計)하면서 꿈을 키워가고 있다는 말이다.

세계의 막강(莫强) 우리의 국군 전사들은 대학에 진학하여 학적(學籍)을 유보 해 두고 나라를 위해서 충성을 바치고 있으면서, 미래의 조국을 꿈속에 그리면서 현재의 역사를 만들어 가고 있다는 말이다. 대학교라는 울타리 속의 대학(大學)이 아니라, 연천에는 산골짜기까지 대학인으로 가득 채워져 있다. 우리의 자랑 국군 젊은 용사들은 현재는 나라를 지키고 있다고 하지만 사실은 가슴 속에는 통일의 꿈으로 가득 차 있고, 지금도 통일을 누리면서 조국의 앞날을 설계하면서 꾸며가고 있다. 그래서 우리 연천은 더욱 더 조국의 중심에 있다는 말이다.

순박한 군민(郡民)들은 북쪽에서 흘러내리는 한탄강과, 임진강의 물을 젖줄기로 하고 농사를 지으면서 열심히 살아간다. 말없이 행복을 만끽하면서 살아가고 있다.

연천 사람들은 휴전선 북쪽의 땅 개성(開城)을 서남쪽으로 깔고 앉아서 날마다 통일의 날을 그리면서 살아가고 있다. 북쪽에서 흘러내려 온 물을 받아 남쪽 땅에서 농사를 지으면서, 날마다 남북의 하늘을 함께 보면서 날씨를 살핀다.

날씨만이 아니라 북녘 동포들의 안부를 살피면서 하루를 시작하는 곳이 바로 연천이다. 그래서 연천은 자나 깨나 남북한이 하나의 조국이라는 마음을 가지고 항상 통일에 산다. 구름이 떠가는 아름다운 하늘도, 북쪽에서 흘러내려 온 물에 목욕을 하고 농사를 짓게 하는 땅도, 억천만 년을 변함없이 아름답다운 산천도 여기에 있다. 무엇보다도 연천은 통일을 바라고 사는 것이 아니라, 자나 깨나 항상 통일(統一)을 누리면서 통일에 살아가고 있다.

우리의 소원은 통일

꿈에도 소원은 통일

통일이여 어서 오라 통일이여 오라

우리의 소원은 통일

겨레의 소원은 통일

통일이여 어서 오라 통일이여 오라

우리의 소원은 통일

울면서 부르는 통일

통일이여 어서 오라 통일이여 오라

우리의 소원은 통일

보고파서 비는 소원

통일이여 어서 오라 통일이여 오라

1. 대한민국 중심부로서의 연천

세계 인류가 말하는 문화(文化)의 발상지(發祥地)가 강줄기를 중심으로 시작되었다는 것은 누구나 다 잘 알고 있는 역사적인 사실이다.

특히 우리나라도 예외일수는 없었다.

기원 전 2,333년에 우리의 국조(國祖)이신 단군왕검(檀君王儉)께서는 백두산(白頭山) 높은 봉우리 밑에 천지(天池)의 맑은 물을 생명원(生命源)으로 하고, 동쪽으로는 두만강(豆滿江), 서쪽으로는 압록강(鴨綠江), 북쪽으로는 송화강(松花江)으로 흘러 보내면서, 그 중심부에 도읍(都邑)을 하고 단군조선(檀君朝鮮)이라는 나라를 세우셨다.

또한 우리 대한민국이 한강(漢江)을 중심으로 기적적(奇蹟的)인 현대화를 이루었다는 것은 너무도 자명한 사실(史實)이다. 그리고 북한도 평양을 가로질러 흐르는 대동강(大同江)을 중심으로 하고 있다는 것도 잘 알고 있다.

그런데 우리나라의 중심부를 끼고 흐르는 한탄강(漢灘江)과 임진강(臨津江)만은 소리 없이 울면서 통일의 날을 기다리고 있다. 한탄강의 물줄기가 임진강으로 흘러들듯이, 북한의 동포들도 함께 대한민국의

품에 안겨 들 날이 올 것을 바라고 살아간다. 그리하여 한탄강이나 임
진강의 물은 남북한의 통일이 이루어지는 날, '통일의 강'이 될 날을 기
다리면서 도도하게 흐르고 있다.

우리 5,000년 사(史)에 단군성조(檀君聖祖)이래 처음으로 통일국가
를 이루어 낸 고려(高麗)나라의 왕건태조(王建太祖)가 도읍(都邑)했던
송악(松嶽)의 개성(開城)은 임진강을 젖줄로 하고 세워진 도읍지(都邑
地) 였다. 바로 그 통일(統一)된 나라 대한민국 역사 속의 고려(高麗)가
세계가 그리워하는 'Korea'가 아닌가?

그래서 남토북수의 땅 연천은 국토(國土)의 중심에 자리하여, 흘러간
역사(歷史) 속의 중심지요, 세계가 부르는 중심지요, 미래의 역사가 가
져올 대한민국(大韓民國) 우리나라 심장부(心臟部)의 땅이다.

우리겨레의 보금자리 연천은 다가올 통일의 날에 대한민국의 중심을
이루어 낼 임진강의 기적을 기다리면서 살아가는 곳이다. 임진강의 기
적이 이루어지는 날을 기다리고 있다. 삼천리반도 금수강산의 중심부
를 꿰뚫어서 소리 없이 흐르는 임진강은 통일의 날이 속히 오기를 기다
리면서 바라고 있다.

우리의 자랑 연천은 통일의 노래를 부르면서 땅도, 역사도, 사람들
도, 심지어는 대한의 아들들 국군이 나라의 중심을 꿈꾸면서 열심히 살
아가고 있다. 우리나라 우리민족의 중심이라는 자부심 속에 살아가고

있다.

왜 우리 땅 연천에, "삼팔선(三八線)"이라는 돌비가 새겨져 있는가? 우리는 통일을 바라고 살아가는 것이 아니라, 지금 당장 통일에 살고 있다는 뜻이 아니겠는가? 삼팔선을 두발로 짓밟고 살아간다는 말이 아니겠는가?

그래서 남토북수의 땅 연천 사람들의 가슴은 항상 열려있다. 통일의 마음을 활짝 열어놓고 통일 속에 살아가고 있다.

우리의 자랑 국군 전사들을 비롯하여, 4만5천여 연천 군민은 항상 통일을 누리면서 통일 속에 살아간다. 남북한의 통일이 이루어지는 날, 대한민국의 심장(心臟)으로서 민족의 숨결을 크게 불어 넣어 줄 곳이라는 자부심 속에 날마다 열심히 살아가고 있다.

남북한의 통일이 이루어지는 날 '임진강의 기적'과, "한탄강의 기적"이 가져 올 새 시대의 꿈속에 잠겨서 희망의 노래를 부르고 있다. 임진강 물줄기는 말하고 있다. 한탄강 물결이 통일의 노래를 부르고 있다.

"우리는 통일에 산다"라고.

2. 남토북수(南土北水)로 살아가는 사람들

1년 365일만이 아니라, 역사가 시작되던 태초(太初)부터 시작하여, 역사가 문을 닫고 끝이 나는 날까지 변함없이 흐르는 물줄기는 밤낮을 가리지 않고 위에서 아래로 흘러내리고 있다. 연천의 계곡(溪谷)을 타고 흐르는 물결 속에 북한 동포들의 한(恨)과 열망(熱望)이 서려있고, 두고 온 부모님과 가족들의 안부(安否)가 담겨져 있다.

북한동포들이 간절히 바라는 통일의 눈물을 한탄강에 뿌려서 임진강 물로 흘러내려 보내고 있다. 세계를 향해서 흘려보내고 있다.

밤낮을 가리지 않고 흐르는 눈물을 치맛자락으로 닦다 못하여 강으로 흘려보내는 부모님의 눈물이 한탄강의 물이요 임진강의 물줄기가 아니겠는가?

연천 사람들은 그 물에 농사를 짓고, 그 물을 마시면서 살아가고 있다. 남쪽의 땅에, 북쪽에서 흘러오는 물을 받아서 농사를 짓고, 거기에서 수확한 곡식을 먹으면서 살아가고 있다. 남북한 모두가 하나요, 우리 땅 우리 조국이라는 간절한 마음으로 살아가고 있다. 그래서 꼭 남북한의 통일이 되어야 한다는 마음을 갖는다.

연천에서 생산되는 곡식으로 지은 밥맛이 다르고, 반찬의 맛이 다르고, 열매의 맛이 다르다. 해발 440미터의 고냉지대(高冷地帶)에다 조국 수호신(祖國守護神)의 영령(英靈)들이 살을 쪼개고 피를 쏟고, 뼈를 부셔서 세운 연천의 모든 것들은 어느 땅에서 난 것들에 비할 바가 아니라는 것을 실감하게 해 준다. 거기에다 또, 남토북수의 땅에서 나온 것들이라는 말이다. 통일의 조국에서 지은 것들이기 때문에 맛이 다르다. 산천초목(山川草木)에서 풍겨나는 바람결의 공기(空氣)는 언제나 맑다. 철조망을 넘나드는 뭉게구름 사이로 비치는 하늘은 언제나 청천백일(靑天白日)이다.

연천의 자연(自然)은 세계의 자랑이다. 공기가 맑고 물이 깨끗해서 자랑이요, 철조망을 끼고 자유롭게 오고가는 통일에서 살아가는 산짐승들이 있어서 자랑이요, 통일을 누리고 살아가는 연천 사람들이 있어서 자랑스럽다는 말이다.

지금은 전선(戰線)이라고 하여 휴전선(休戰線, DMZ)으로 묶어져 있으나, 바로 이 땅이 전 세계 인류가 그리워하는 황금(黃金)의 땅, 우리의 보화(寶貨)라는 것을 왜 모르는가?

미국 네바다(Nevada)주에 자리하고 있는 라스베가스(Las-vegas)는 본래가 모래판이었다. 죽은 모래로 채워져 있던 허허벌판이었다. 그 위에 돌 자갈을 깔고 씨멘트로 덮어서 만든 땅이다. 바로 '인조(人造)의 도시'라는 말이다.

그런데 우리나라 휴전선(休戰線)은 남북으로 4km에, 동북쪽의 끝에서 서남쪽의 끝까지 광활한 관광명소(觀光名所)의 땅이 지금은 처량하게 보일지라도, 다가오는 미래에는 하나님이 간직해 주신 우리나라 대한민국의 보고(寶庫)라는 것을 왜 모르는가? 그래서 우리 연천은 우리나라 대한민국 보화(寶貨)의 땅이라는 말이다.

남토북수(南土北水)라는 말속에 감추어두고, 통일의 날을 기다리면서, 통일 속에 살아가는 연천 군민의 가슴은 항상 뜨겁게 부풀어 오르고 있다.

북쪽에서 흘러내리는 물줄기를 누가 막을 수 있는가? 그 물을 받아서 농사를 짓는다고 누가 탓할 수 있는가? 그래서 연천 사람들은 통일에 산다. 미래에 다가 올 통일이 아니라, 남토북수의 역사 속에 통일을 누리면서 살아가고 있다.

백두산(白頭山)에서 시작하여, 묘향산(妙香山)을 이루었고, 그 줄기가 뻗어서 일만이천봉 금강산(金剛山)의 절경(絶景)을 꾸몄다. 어떤 당(塘)나라의 선부가 글을 쓰기를, "고려국에 태어나서 금강산을 한 번 보았으면(願生高麗國, 一見金剛山)소원이 더 없겠다"라고 하였다던가?

또다시 남쪽으로 뻗어서 설악산(雪嶽山)을 이루었고, 설악의 줄기를 타고 내려오다 태백산(太白山)이요, 소백산(小白山)이요, 오대산(五大山)이요, 지리산(智異山)이요, 또, 무등산(無等山)으로 내려오다가 바닷물에 부딪쳐서 멈춰서는 가 했더니, 다시 제주도(濟州道)에 이르러서 한라산(漢拏山)의 대봉(大峰)을 이루니, 이것이 우리나라 삼천리 반도 금수강산의 뼈대가 아닌가? 그 뼈대의 가슴속 깊이 안겨있는 연천은 배달민족의 심장부(心臟部)를 이루는 꿈이요 희망이다.

그래서 연천의 사람들은 소리 없이 굼틀거림 속에 남토북수의 이슬을 받아먹고 자라면서 부푼 꿈과 희망을 안고 대한사람 배달민족의 희망을 노래하고 있다.

3. 임진강 물을 흘려보내는 땅 연천

서울에서 출발하여 자유로의 길을 따라 파주를 지나, 연천을 향해서 달리노라면 가슴이 확 트일 정도로 도도하게 흐르는 임진강을 볼 수 있다.

북쪽에서 흘러내려 연천과, 파주 땅을 끼고 돌면서 흘러내리는 임진강을 본다. 그리고 연천의 수도 연천읍으로 들어서면, 깊은 산골짝을 끼고 춤을 추듯 흐르는 한탄강을 보면 볼수록 신비스럽기만 하다.

지금은 철조망(鐵條網)을 울타리로 가리고 있어서, 함부로 출입을 못한다. 그 철조망이 군사들의 경계선(境界線)이라는 표시일 수 있으나, 알고 보면 우리의 미래를 위한 '지킴'이라는 것을 느끼게 한다. 세계의 자랑이요, 우리의 보고를 그렇게 해서 지키고 있다는 말이다. 굽이쳐서 거슬러 올라가는 산골길에 확 트인 임진강과 한탄강의 흐름은 우리 민족의 비밀을 속삭이고 있다.

"두고 보면 알게 될 것이다"라는 비밀한 말을 속삭이고 있다. 북에서 흘러내리는 물을 한탄강과 임진강의 물줄기에 띄워서 인천 바다로, 또, 남해(南海)를 걸쳐서 태평양(太平洋)과 대서양(大西洋)으로 흘려보내고 있다.

우리나라 대한민국도 세계의 한 나라요, 전 세계 어느 나라에 비하여 뒤지지 않는다는 뜻을 담아서 임진강의 물로 흘려보내고 있다. 여기에 우리 연천 사람들의 숨겨진 이야기들을 담아서 흘려보내고 있다. '우리는 지금도 통일에 산다'라는 말을 담아서 세계에 보내고 있다.

남토북수의 땅에서 세계의 사람들에게 안부를 보내는 인사를 하고 있다. 고려(高麗)의 태왕(太王) 왕건(王建)이 통일조국(統一祖國)의 도읍으로 했던 송악(松嶽)을 뚫고 흐르는 물줄기의 깊은 뜻을 생각하면서 임진강을 끼고 가다가 다시 한탄강을 거슬러서 연천까지 가본다.

황포 돛을 단 배들이 정박했던 임진강변의 옛 포구(浦口)를 뒤로 하고 북쪽으로 달려가다가 다시 한탄교를 건너서 연천읍에 이른다. 청정지역(淸淨地域)의 땅 연천이다.

문화의 신흥도시 파주도, 임진강의 물을 마시고 산다. 흘러간 옛날 이율곡(李栗谷)선생도 여기에서 살았고, 여기에서 그의 생을 마쳤다는 이야기를 하면서 달리는 차를 몰아 임진강변의 자유로를 달린다. 통일로 가는 길을 마음껏 달린다. 공기가 너무도 맑고 가슴이 확 트여서 차창을 열어놓고 북을 향해 달린다.

자유로(自由路), 통일로(統一路), 평화로(平和路)의 모두가 연천으로

가는 길에 깔려있다. 강과 길들이 남에서 북까지 우리의 가슴을 확 트이게 해 준다. 분단국이라는 아픔을 느낄 기회가 없다. 이 길로 계속 달려가면 우리나라 대한민국의 땅 북한에까지 갈 수 있다는 벅찬 마음을 가지고 달리게 한다.

예나 오늘이나 임진강 물줄기는 그대로인데, 어쩌다가 달리던 길이 막혀 버리는 것일까? 한탄교를 건너 연천읍에 이르고, 더 북쪽으로 가려면 길이 끝나 버린다. 철조망으로 가로 막혀 버린다. 휴전선(休戰線)이라는 경계 지점에 이른다. 그리고 우리나라의 꿈나무들인 군인들이 완전무장을 하고 지키고 있다. 모두가 군복으로 갈아입고, 총칼을 차고, 대한민국의 국군병사(國軍兵士)가 되어서 나라를 지키고 있다. 굳게 담은 입술 속에서 터져 나오는 말, "통일"이라는 외침을 가슴 속에 새겨두고 당당하게 버티고 있다.

조국 대한민국의 미래를 설계하면서 밤낮을 가리지 않고 우리의 자랑 국군들이 지키고 있다. 한 치의 땅이라도 적색분자(赤色分子)들에게 내어줄 수 없다는 결의로 나라를 지키고 있다.

그래서 우리 연천은 과거에도 그랬고, 현재에도 그러며, 영원한 미래에 이르기까지 조국의 미래를 약속하고 있다.

연천을 관통해서 흐르는 한탄강과 임진강의 물이 세계를 향해서 그것을 외치고 있다. 소리 없이 절규하고 있다. 다가오는 역사는 말해 줄

것이라는 다짐 속에 한탄강과 임진강의 물줄기에 띄워 보내고 있다.

"우리 연천은 통일에 산다"라고 하는 말을 흘러 보내고 있다.

4. 면적과 인구를 말하지 말라

연천이라는 땅은 그 면적으로 볼 때에는 불과 675.22 제곱키로 미터에 불과하다. 여기 인구라야 겨우 4만에서 많게는 4만 7천여 명 남짓에 지나지 않는다. 그러나 여기에 우리 대한민국의 전체가 꿈틀거리고 있다.

땅의 면적이나 인구의 숫자는 별로 큰 일이 아니다. 연천이라는 곳이 역사적으로 어떠한 곳에 자리 잡고 있으며, 어떠한 위치에 자리한 땅이며, 어떠한 사람이 살고 있느냐 하는 것이 더 중요하다고 생각한다. 그래서 연천은 땅의 면적이 아닌 땅의 성격과, 역할에 대한 것을 말하고 싶다. 그리고 더 중요한 것은 어떠한 사람들이 살고 있느냐 하는 것을 말하고 싶다.

자연적으로 갖는 토양(土壤)이나 기후(氣候)는 물론, 지금 우리나라의 현실과 국가(國家)에 관한 만년대계(萬年大計)의 미래를 두고 연천은 너무도 중요하고 자랑스러운 곳이라는 것을 말하고 싶다. 그리고 이 땅에 몸을 담고 살아가는 연천 사람들은 무엇보다도 우리 민족의 한결같은 열망인 통일을 바라보고 살아가는 사람들이 아니라, 지금 당장 통일을 누리면서 살아가는 사람들이라는 것을 자랑하고 싶다.

그리고 온 세계가 공해(公害)문제로 인하여 골치를 앓고 있는데, 연천은 그러한 염려에서 벗어나서 자연과 함께 행복을 누리면서 살아가는 곳이라는 것을 자랑한다. 청정 맑은 물과 시원한 공기를 마음껏 마시면서 살아가는 낙원(樂園)이라는 말을 하고 싶다.

고냉지대(高冷地帶)의 사람들은 체력(體力)과 함께 정신력(精神力)이 강하다. 이 땅에서 재배된 음식물은 무엇이나 특별하다. 맛도 좋고 영양가도 한 수 위다.

산골짝마다 계곡(溪谷)을 이루어서 흘려 내리는 맑은 물은 한탄강과 임진강을 이루어서 대양으로 흘려보낸다. 청정(淸淨) 맑은 물과, 시원한 공기는 세계의 모든 사람들에게 선물을 하고 싶을 정도다. 특히 우리나라 수도 서울 사람들에게 보내드리고 싶다.

발길에 체이는 풀포기 하나까지도 사람들의 먹거리로 제공할 수가 있고, 땅 속 깊은 곳에서 솟아나는 지하수(地下水)는 사람이나 짐승이나, 심지어는 풀포기의 식물에 이르기까지도 생명력의 활기(活氣)를 뿜어낸다. 그래서 산양(山羊)이나 노루 떼들이 산천에서 마음껏 뛰놀면서 살아가는 곳이다. 참 자유를 누리면서 남과 북을 가리지 않고 오가며 살아간다. 북쪽에서 배가 고파 남쪽에 와서 먹는다고 소리 없이 외치면서 먹으며 뛰놀고 있다.

연천군의 서남단 끝에 백학면(白鶴面)이 있다. 백학면은 글자 그대로 바다에서만 서식하는 것으로 알고 있는 백학(白鶴)들이 모여서 살고 있는 면이라는 뜻이다. 거기에는 그다지 크지도 않은 백학 저수지(貯水池)가 있고, 저수지 북단에는 솔밭이 우거져 있는데, 솔밭 한 곳에 백학들이 솜뭉치처럼 주렁주렁 얽혀서 소나무 위에 둥지를 틀고 살아가고 있다.

소나무 가지에 솜털처럼 걸려있는 백학들은 참으로 평화롭다. 그들이 깔고 앉은 소나무들은 그들의 배설물(排泄物)로 흉물스럽게 말라가고 있지만 그런대도 백학들의 모습은 참으로 평화스럽기만 하다. 이 산골짝 깊은 곳까지 날아와서 백학 저수지를 중심으로 보금자리를 틀고 살아가는 백학들에게는 분단의 휴전선도 없고, 남이다 북이다 하는 경계도 없다. 언제든지 자유롭게 북으로 갔다가 또, 남으로 날아든다. 백학들은 연천군민과 함께 항상 통일에 살고 있다.

인간들이 말하는 자유(自由)가 아니라, 하늘이 주신 자유를 만끽하면서 연천의 사람들과 함께 살아가고 있다. '자유가 아니면 죽음을 달라'라고 했다던가? 그 참 자유가 연천에 있다. 연천의 깊은 곳에 참 자유가 있고, 참 통일이 있고, 참 행복이 있다는 말을 한탄강과 임진강은 춤추며 노래하고 있다.

우리나라 대한민국의 젊음이 숲 속 깊은 곳에 몸을 숨기고 국가 만년대계의 그림을 그리면서 살아가고 있다. 그래서 우리 대한민국의 심장부(心臟部) 연천은 노래한다.

참 자유의 땅 연천이라고,

참 통일의 땅 연천이라고,

그리고 참 행복의 땅 연천 이라고.

5. 38선을 짓밟아 버렸다

눈으로 볼 수 없는 선(線), '38선'이라는 돌 비(碑)가 새겨져 있는 곳 연천은, 조국분단의 선(線)을 발로 짓밟고 살아간다. 그래서 통일을 바라고 살지 않고 통일을 누리면서 살아간다. 영원한 통일 속에 살아간다.

누가 이 삼팔선을 줄그었던가? 여기에서 태어나서 여기에서 살아가면서도 알지 못했던 삼팔선, 조상 누대를 두고 살아오면서도 알지 못하고 살았던 이 땅에 누가 '삼팔선'이라는 줄을 그어 놓았든가?

세계 제2차 대전이 한창이던 1943년 12월 1일, 이집트(Egypt)의 수도 카이로(Cairo)에 미국 대통령 루스벨트(Roosevelt, Franklin: 1882-1945)와, 영국 수상 처칠(Churchill, Winston: 1874-1965)과, 소련 공산당 서기장 스탈린(Stalin, Iosif: 1879-1953)등이 한 자리에 모여서 독일(獨逸)과 일본(日本)의 항복(降伏)으로 끝날 세계제2차대전(世界第二次大戰) 후의 문제를 처리함에 대한 '카이로 선언'(Cairo Declaration)을 통해서, 우리 대한민국의 독립을 보장하게 되었다.

그러나 그 후로 이어지는 회담들, 곧 1945년 2월에 미국의 루스벨트 대통령과, 영국수상 처칠과, 소련 공산당 서기장 스탈린 등이 흑

해의 연안 크린 반도의 휴양지 얄타(Yalta)에 모여서 얄타회담(Yalta Conference)을 개최하고, 바로 12일에 얄타협정(Yalta Agreement)을 발표하므로 독일을 비롯한 여러 나라들에 대한 전후 처리 문제가 논의되었고, 여기에서 미, 중, 소 3국의 신탁통치(信託統治)가 확인되었다.

그 후 1945년 7월 26일, 미국의 트루만(Truman, Harry Shippe: 1884-1972) 대통령과, 소련의 스타린(Stalin) 서기장이 합의하에, 미국, 영국, 소련, 중국 등 4대강국들에 의해서 합의 된 것이, 곧 일본의 항복과 함께 우리나라는 통일 대한민국이 아닌 3,8선을 경계로 남쪽은 미국(美國)이, 북쪽은 소련(蘇聯)이 점령하여 군정통치(軍政統治)를 하기로 결정했다.

그 때까지 우리나라는 결코 전쟁의 당사국(當事國)이 아니라 일본의 식민통치 아래 나라를 빼앗기고 조국의 광복을 기다리고 있었는데도, 일본(日本)이라는 전범국(戰犯國) 때문에 까닭 없이 놀아나는 신세가 되었다.

세계의 대제국(大帝國)들에 의해서 우리는 영문도 모르게 남북으로 분단국이 되어 버렸다. 그렇게 해서 생긴 것이 38선이 아닌가? 결국 미국과 소련이 우리나라를 남북으로 분할통치(分割統治)를 하게 되므로 소위 38선이라는 국경(國境) 아닌 분단(分斷)의 선(線)이 생겨나게 되었다. 그러므로 38선은 미국의 루스벨트(후에는 트루만) 대통령과,

소련의 스타린 공산당 서기장, 영국의 처칠 수상, 그리고 중국의 장개석(蔣介石)총통에 의해서 그어진 것이다.

그렇게 되기까지 세계 제2차 대전의 전범국(戰犯國)인 일본(日本)은 우리나라를 계속적으로 괴롭혀 오다가, 결국은 완전히 정복하여 1910년에는 소위 을사보호조약(乙巳保護條約)이라는 것으로 우리나라에 군침을 삼키는가 했더니, 1915년에 발표한 한일합방(韓日合邦) 이래, 장장 36년이라는 오랜 세월을 두고 식민통치(植民統治)를 하게 되었으니, 우리나라의 분단과 38선은 일본을 빼어놓을 수가 없다.

우리의 이웃인 일본 나라는 1895년 우리의 국모(國母)인 민비(閔妃)의 숙소가 있는 궁궐 깊은 곳까지 일본 깡패들의 떼 야꾸찌 일파를 숨어들게 해서 시해(弑害)했고, 그로부터 시작하여 1906년에는 이등박문(伊藤博文)에 의한 통감정치(統監政治)를 발판으로 정복의 흉계를 꾸며 오더니, 결국 1910년의 을사보호조약(乙巳保護條約)으로 이어오게 되었고, 끝내는 1915년 한일합방(韓日合邦)으로 인한 식민통치(植民統治)로 인하여 우리 민족을 그들의 노예(奴隷)로 부려먹임을 당하게 되었다.

말로는 "대동아(大東亞)의 평화를 위해서"라는 구호를 내어걸고 미치광이처럼 날뛰더니, 결국 1940년 12월 8일, 미국 땅 진주만(眞珠灣)의 기습을 신호로 일으킨 태평양전쟁(太平洋戰爭)으로 우리들을 괴롭혀

왔다. 우리의 근대사(近代史)를 통해서 이웃 일본의 만행을 반드시 단죄해야 한다.

정치적인 흥정이 아닌 역사적인 사실이 규명되어야 하고, 가해자(加害者)로서 정직한 참회와 반성이 이루어 진 다음에야 친선(親善)의 국교(國交)가 이루어져야 한다. 우리 정부의 재고를 간절히 바란다.

태평양 전쟁의 주범(主犯)인 일본은 결국 1945년 8월 15일의 패전(敗戰)으로 연합군에게 항복하므로 세계제2차대전을 종식시켰다.

그러나 우리나라는 꿈에도 상상하지 못했던 삼팔선(三八線)을 중심으로, 남북한(南北韓)이 분단(分斷)되었다. 우리는 이 역사를 잊을 수가 없다. 결코 잊어서도 안 된다.

아무리 세월이 흐르고 역사가 바뀌었다고 할지라도 역사적인 사실(史實)은 사실(事實)이기 때문에, 새로운 친선관계(親善關係)를 누리기 위해서는 먼저 일본이 자기의 잘못에 대한 사과와 용서를 구해야 하고, 다시는 그러한 잘못을 저지르지 않겠다는 보장이 있은 후에야 국교(國交)의 정상화(正常化)가 이루어져야 한다. 정치보다 더 진실한 것이 역사다. 역사적인 정론(正論)이 없는 외교는 언제나 안보(安保)의 불안 요인이 된다는 것을 잊을 수 없다. 그래서 우리는 일본나라를 싫어하고, 믿지 않고, 그들에게서 등을 돌린다.

이렇게 된 38선을 우리 연천의 사람들은 자나 깨나 일본(日本)이라는 나라를 증오(憎惡)하면서 38선을 짓밟고 통일에 산다.

기왕 한일관계(韓日關係)의 이야기가 났으니 반드시 알아야 할 한 가지의 역사적인 이야기를 더 해야 하겠다.

즉, 1592년 선조(宣祖)25년 임진(壬辰)년 4월 14일, 일본 나라의 영웅 도요도미 히데요시(豊臣秀吉)가 15만 병력을 일으켜 고니시 유끼나가(小西行長)를 선봉장(先鋒將)으로 하여 가도(加藤淸正), 구로다(黑田長政), 시마즈(島津義弘), 고바야가와(小早川隆景)등과 함께 우리나라 부산(釜山) 앞바다로 침략하여 장장 7년이나 전쟁을 일으켰다. 우리는 이것을 '임진왜란(壬辰倭亂)' 혹은 '한일 7년 전쟁'이라고 한다.

이 전쟁을 하는 동안에 우리나라 선조대왕은 멀리 의주(義州)까지 파천(播遷)을 하여 굴욕적으로 궁을 비우고 피하는 일이 있었고, 그동안 일본 침략군들은 우리나라 백성들에게 차마 입으로 말하기조차 끔찍한 만행(蠻行)을 다 했다.

그 가운데 우리 한국 사람의 고환(睾丸)을 떼어가다가 나중에는 남녀 없이 귀를 잘라서 짚 가마에 담아 일본으로 가서 전황보고(戰況報告)를 한 다음 그 귀들을 모아서 히로시마(廣島)와 나가사끼(長崎)에 묻고, 1년에 한 번씩 마쓰리(祭祀)를 지내주므로 그것이 사무라이정신(大和魂)이라고 했다.

만약 이 때에 우리의 이순신(李舜臣) 충무공(忠武公)이 없었다면 우리나라의 운명이 어떻게 되었을까하는 끔찍한 일까지 생각나게 한다. 그런데 무심한 역사(歷史)는 그렇게 해서 영원히 감추어지는 것 같았다.

　그러나 세계제2차대전을 끝나게 했던 원자폭탄(原子爆彈)이 1945년 8월 6일과 8일에 하필이면 일본나라의 히로시마(廣島)와 나가사끼(長崎)에 떨어지게 되었다는 것은 결코 우연한 일이 아니라, 살아계신 하나님이 내리신 정의(正義)의 심판(審判)이었다고 한다면 아니라고 할 수 있겠는가?

　일본 사람들의 만행이 그렇게 해서 영원히 감추어지고, 자기들이 뽐내는 야마도 다마시(大和魂) 만이 자랑거리로 남을 뻔 했다. 비록 사람은 이 사실을 그대로 잊고 지나쳐 버리고자 했으나, 전지전능(全知全能)하시고 살아계신 하나님께서는 결코 이를 그대로 묵과(□過)하지 아니 하시고 심판의 불을 뿜으셨던 것이다.

　그래서 우리는 역사의 주인이신 하나님의 섭리를 더 잘 알아야 하고 바로 배워야 한다. 특히 우리 한국 사람들은 더 정신을 바짝 차리고 역사를 살펴보아야 한다는 말을 드린다.

　또한 일본이라는 나라의 속임수에 더 이상 속아 넘어가지 않게 하기 위하여, 역사적인 시시비비는 분명히 가리고 넘어가는 것이 국가의 안위(安危)를 위하여 너무도 당연하다는 말이다.

6. 6,25 참전용사의 비(碑)와 38선

정확하게 말해서 경기도 연천군 청산면 초성리 194의 3에 가면, 6,25 참전 기념비(六,二五參戰記念碑)가 있고, 거기에서 멀지않는 300미터 정도의 지점에 '38선'이라는 돌비가 있고 바로 그 옆으로 38선 돌파 기념문(記念門)이 커다랗게 큰길을 가로질러 세워져 있다.

그리고 그 38선 돌비 곁에는 '안내문'이 적힌 또, 다른 돌비가 있다.

즉, 38선의 표지석은 1945년 8월 15일, 세계 제2차대전의 종식과 함께 우리나라의 남북 분단을 표시하는 미국과 소련에 의해서 세워졌던 것을, 1950년 6월 25일 새벽 4시에 북한 김일성 괴뢰군의 남침으로 파괴되어버렸다.

그러나 UN 군을 비롯한 우리 국군의 북진(北進)으로 다시 이 38선을 짓밟고 연천지역을 수복(收復)하므로 우리 대한민국의 영토가 되었다.

그리하여 지금 있는 38선 표지석의 돌비는 1991년 9월 17일, 당시 연천 군수 홍성규에 의해서 새로 세워졌던 것이라고 적혀 있다.

두 곳에 세워진 6,25 참전 기념탑(記念塔)과 함께, 38선을 알리는 지석비를 보면서 가슴이 두군거림을 느낀다. 자신도 모르게 두 주먹을 불끈 쥐면서 어떤 전율(戰慄)같은 충동을 느끼는 이유가 무엇일까?

어쩌다가 세계의 양대국에 의해서 본의 아니게 국토가 분열되었고, 동족상잔(同族相殘)의 전쟁이 일어났어야 했으며, 이제는 조국의 분단과 함께 휴전선으로 갈라져 있으니 이 어찌 통탄과 분노를 참을 수 있겠는가?

남쪽이나 북쪽이나 다 우리 조국의 땅이고, 여기에 모여서 사는 사람들은 다 우리의 동포들인데, 어쩌다가 다른 나라 사람들에 의해서 우리나라는 분단의 아픔을 겪어야 하고, 또, 다시 동족상잔의 전쟁을 위하여 총부리를 겨누고 있어야 하는가 말이다.

아니다. 결코 아니다. 우리는 더 이상 싸워서는 안 된다. 어떠한 경우에도 동포들끼리 서로가 죽이는 전쟁을 해서는 안 된다. 미국이 어떻고, 세계가 어떻든지 우리는 동족끼리 평화로운 통일을 이루어내야 한다. 우리나라 대한민국의 남북통일은 UN에서 해 줄 것도 아니고, 미국이 해 줄 것도 아니다. 우리나라 우리 동포들끼리 해야 할 문제다. 서로 서로가 머리를 맞대고 오순도순 풀어가야 할 우리의 문제다.

더구나 우리나라의 안보나 평화나 통일을 위해서 이웃 일본(日本)이나 중국(中國)이나 러시아 같은 나라를 끌어들여도 안 된다. 우리 문제는 우리들 스스로가 풀어가야 할 우리의 문제다. 정치적인 흥정도 아니고, 세계적인 외교상의 문제도 아니고, 우리 민족 우리 동포들끼리 스스로 풀어가야 할 문제다.

배달민족의 원한으로 뭉쳐있는 38선의 표지석, 이것을 허물어뜨리기 위해서 목숨을 바쳐서 산화(散花)해 가신 순국의 선열들은 이 38선의 목을 넘기 위해서 천하를 주고도 바꿀 수 없는 생명을 바쳤다. 그래서 우리는 남북한의 동포들이 스스로 이 문제를 풀어가기 위해서 백 번이고 천 번이고 서로가 서로의 머리를 맞대고 의논을 하고 지혜를 짜내야 한다. 더 이상 동족상잔의 전쟁을 해서는 안 된다. 누구의 군사력이 강하고 누구의 군사력이 약하다고 하기 전에 다 같은 조국(祖國)이요 동포(同胞)라는 원칙에 서야 한다.

철조망을 사이에 두고 휴전선을 지키고 있는 우리 대한민국의 국군(國軍)장병들은 너무도 순진하고 아름다운 대한의 아들들이었다. 어떻게 저렇게 순진한 아들들에게 총칼로 무장을 시켜서 동족상잔의 전쟁을 하라고 할 수 있겠는가 하는 애처로운 마음이 들었다. 38선의 표지석과 함께 6.25 참전용사들의 기념탑을 보면서 가슴이 두근거리는 이유를 말하라면 단호하게 말하겠다.

"더 이상 남북통일이라는 명분 아래 이 땅에서 동족상잔의 전쟁을 하지 말고, 오순도순 머리를 맞대고 우리 민족끼리 평화롭게 통일을 이루어 내자"라고.

38선의 표지석 돌비를 보다가, 또, 6.25 참전 용사들의 기념탑을 보

면서 발길을 돌릴 수가 없다. 그들의 넋이라도 달래주면서 함께 자리를

지키고 싶은 심정이 솟구쳤다. '아, 이를 어찌하랴....!

7. 호국의 영령들과 함께 산다

　연천 사람들의 자존심(自尊心)은 바로 여기에 있다. 뜻하지 않았던 한국전쟁은, 우리나라 대한민국이라는 조국의 젊은이들만이 아니라, 세계의 젊음을 불러들여서 피와 살과 뼈와 생명으로 함께 채웠던 곳이 바로 연천이다.

　연천의 산봉우리마다 푸르름이 짙은 뜻은 곧 이 나라 젊은이들의 피와 살이 여기에 묻혀져 있다는 증거가 아니겠는가? 연천의 산봉우리마다 우리 호국의 영령들이 잠들어 있는 곳이다. 아니, 잠든 것이 아니라, 지금도 살아서 국토를 지켜주고, 배달민족의 꿈을 키워준다. 그들

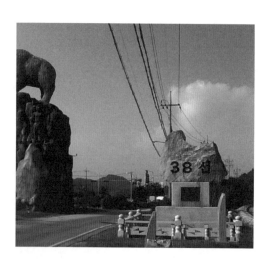

의 외침을 바람 속에 날려 보내면서 통일의 노래를 부른다. 더 이상 싸워서도 안 되고, 젊은이들의 피를 흘려서도 안 된다는 외침의 소리를 들려준다.

한탄강의 물줄기와, 임진강의 흐름을 타고, 세계평화를 절규하는 호국 영령들의 부르짖음을 흘려보낸다. 남해와 대한해협을 지나 태평양과 대서양 등, 오대양 육대주의 사람들에게 우리의 소원을 담아서 흘려보낸다. 통일 조국 대한민국의 노래를 담아서 실려 보낸다.

흙만 파고 묵묵히 살아가는 연천 사람들, 산과 들로 헤메이면서 말없이 살아가는 연천의 사람들은 호국의 영령들과 함께 살아가고 있다.

군번(軍番)도 받지 못하고 불려 와서, 이름조차 남기지 못하고 가신 순국선열(殉國先烈)들의 넋과 함께 살아간다. 우리 모두가 당신의 가족이요, 부모형제자매요, 배달민족 우리 동포라는 마음으로 달래주면서 열심히 살아간다.

호국의 영령들이 못다 한 농사일도 하고, 장사 일도 하고, 더욱 아름답고 자랑스러운 조국을 꾸미기 위해서 아주 부지런히 살아간다.

나라가 위기에 빠졌을 때에 몸을 날려서 달려 온 곳 연천

부모 형제 처자식까지도 돌보지 않고

오직 조국을 지켜야 한다는 구국의 일념에 끌려서

몸을 던져서 찾아 온 땅 연천, 연천, 연천

여기가 목숨을 드려서 나라 사랑의 마음을 바쳐드린 곳

나라를 위해서 몸을 드려 산화(散花)해 바친 땅 연천

끝까지 나라를 지키기 위해서 목숨을 바쳤다 여기 연천에서

쏘나기 비를 맞으면서 올랐든 고지(高地)

수류탄(手榴彈) 하나만을 가지고 올랐다가

몸과 함께 날려서 조국에 바쳐버린 영령들

지금은 살을 드려서 옥토(沃土)를 일구고

피를 짜내서 한탄강으로, 또 임진강으로 흘려보내고

뼈를 부셔서 산봉우리마다 이끼를 가꾸고

혼백을 나누어서 연천 사람들의 가슴을 지켜준다

하얗게 휘날리는 눈보라를 뚫고 올랐다

숨결을 죽여가면서 조심스럽게 기어올랐다

누가 누구인지는 몰라도 대검을 휘둘러서 찔러댔다

방아쇠를 당겨서 쏘아댔다 그렇게 죽여야 했다그토록 바랐던 통일

조국을 만들기 위해서 싸웠다

그렇게 한 다음에는, '대한민국 만세'를 부르면서 쓰러져 갔다

큰 소리로, '엄마'를 부르면서 죽어갔다

역사를 통해서 보는 연천

기원전 2,333년 단군조선(檀君朝鮮)이 개국된 이래 우리나라는 무려 5,000년간을 이어오면서 역사를 꾸며왔다.

단군조선(檀君朝鮮), 기씨조선(箕氏朝鮮), 위만조선(衛滿朝鮮), 부여(扶餘), 진한(辰韓), 변한(弁韓), 마한(馬韓), 고구려(高句麗), 신라(新羅), 백제(百濟)등의 나라로 이어오다가, 어느 새 분단국(分斷國)으로 나뉘어졌고, 다시 통일 된 고려국(統一高麗國)으로 이어 오다가, 다시 이성계(李成桂)에 의한 이씨조선(李氏朝鮮)으로 발전하여 500여년을 이어왔다.

그러나 뜻하지 않은 이웃 일본(日本)나라의 침략으로 그들의 식민통치(植民統治)의 역사로 이어 오는가 했더니, 일본나라가 망한 다음에 우리나라는 다시 남북한(南北韓)으로 갈라져서 3,8선을 사이에 두고 언제 통일의 날이 올 것인가를 그리면서, 분단조국(分斷祖國)의 땅에서 서럽게 살아가야 했다.

물론 1950년 6월 25일에 일어난 한국전쟁(1950년 6월 25일-1953년 7월)을 전후하여 3,8선은 무너졌으나, 그 대신 새롭게 등장 한 것이 휴전선(休戰線)이다. 이 휴전선은 1951년 10월 25일, 경기도 장단군에 있는 군사 분계선상의 지역인 판문점(板門店)에서 휴전(休戰)을 하기로 협정(協定)하고 만든 조약에 의해서 생긴 선(線)이다. 그리하여 연천은 비무장지대(非武裝地帶, Demilitarized Zone = D M Z)를 선(線)으로 긋고 있는 지역이기도 하다. 우리에게 있어서 휴전(休戰)은 참으로 안타까운 역사의 후회(後悔)로 채워진 선(線)으로 기록되어 있다.

우리 정부의 이승만(李承晩: 1875-1965) 대통령(大統領)을 비롯하여 전 국민은 물론, 당시 UN군 사령관(司令官)이었던 맥아더 장군(General MacArthur Dauglas: 1880-1964)까지도 통일 없는 휴전을 반대했으나, 미국(美國) 대통령 트루만(Truman, Harry Shippe: 1884-1972)은, 1951년 4월에 맥아더 사령관을 해임한 다음, 1951년 10월 25일에 판문점에서 휴전회담을 시작하여, 1953년 7월에 최종합의에 의하여 전쟁을 접어두고 휴전(休戰)을 하기로 하고, 당시 남북한의 군인들이 점령하고 있는 전선(戰線)을 기준으로 상호 휴전을 하기로 한데서 생긴 선(線)이 바로 휴전선(休戰線, The line of suspension of hostilities)이다.

여기에서 우리가 꼭 알고 넘어가야 할 일이 있다. 그것은 곧 우리 정부는 휴전협정에 서명을 하지 않았다는 역사적인 사실이다. 어찌 생각하면 분쟁의 당사국인 우리나라 정부가 서명을 하지 않고 UN군을 대표하여 미국이 서명을 한 것이 어쩌면 굴욕적인 것 같으나, 진실은 그렇지 않다는 점이다.

즉, 우리 정부와 국민들은 통일이 없는 휴전을 반대했기 때문에 서명을 안 했을 뿐이다. 통일이 없는 조국의 분단을 원치 않았기 때문에 서명을 안 했던 것이다. 그러므로 지금도 우리 대한민국은 휴전이 아닌 통일을 열망하고 기다린다는 것이다. 그리하여 지금 연천은 3,8선을 훨씬 북쪽으로 넘어서 과거 북한의 통치 아래 있었던 수복지역(收復地域)의 땅이다.

이러한 연천은 5,000년 우리의 역사를 통해서 이루어졌던 과거의 일들도 중요했지만 현재도 빼어놓을 수 없는 역사를 기록하면서 발전하고 있다.

청정지역(淸淨地域)의 연천, 대자연의 아름다움 속에 미래의 국운(國運)을 꾸며가는 연천 속의 역사 이야기를 가슴속 깊이 간직한 채 발전하고 있다.

다른 사람들이 연천 사람들을 볼 때에는 첩첩이 쌓인 산중에서 화전 민(火田民)처럼 살아가는 것 같으나, 사실은 그렇지 않다. 어느 누구보다도 조국애(祖國愛)의 충정을 가슴에 안고 밤낮없이 통일을 열망하는 것이 아니라, 조국의 통일 속에 통일을 누리면서 살아간다.

철조망을 넘나드는 하늘의 구름이 이를 말하고, 한탄강의 물줄기와, 조국의 동맥인 임진강이 이를 노래하면서 도도하게 흐르고 있다. 산천 초목과 함께 연천 사람들은 조국의 통일을 누리며 살아가고 있다.

이 땅에 몸을 담고 말없이 열심히 살아가는 연천 사람들은 통일조국의 심장부(心臟部)가 될 자부심(自負心) 속에 묵묵히 그 날이 오기를 기다리면서 역사의 길을 닦고 있다.

외침은 은(銀)이요, 침묵은 금(金)이라고 했다. 연천 사람들은 자나 깨나 통일을 만들고, 통일을 누리면서, 통일 속에 살아가고 있다. 아주 열심히 잘 살아가고 있다.

1. 우리나라의 국호(國號)는 코리어(Korea)

우리나라의 국호(國號)는 분명히 우리 헌법(憲法) 제1장 제1조 1항에서, "대한민국은 민주공화국이다"라고 말 한대로, '대한민국(大韓民國)'이 바로 우리나라의 국호(國號)라는 말이다. 그리고 정치체재는, 백성들을 주인으로 하는"민주공화국(民主共和國)"이다.

그러나 세계의 사람들이 부르는 국호(國號)는, '코리어(Korea)'다. 국제연합(國際聯合)의 기구인 UN에도 그렇게 기록되어 있다. 우리나라가 비록 남북으로 갈라져 있기는 하나, 세계의 사람들은 꼭 같이 남쪽과 북쪽으로 구분해서 부를 뿐, 꼭 같이 우리나라를'코리어'(Korea)로 부르고 있다. 세계의 사람들이 부디 우리나라의 국호(國號)를 '코리어'라고 부르는 뜻을 한 번쯤은 생각해 볼 필요가 있다.

'코리어'는 고려(高麗)에서 나온 말이다. 고려(高麗: 918-1392)라고 하는 나라는 왕건(王建: 918-943) 태조에 의해서 세워진 나라였고, 참으로 오랜 역사가 지난 다음에 처음으로 통일조국(統一祖國)으로 기록된 나라가 바로 고려(高麗)라는 나라였다.

신라(新羅), 고구려(高句麗), 백제(百濟)등 삼국(三國)으로 나뉘어 있다가 잠시 신라가 삼국통일을 하기는 했으나, 그것은 지금의 남북한을 합한 영토가 아니었다. 그리하여 북쪽에서는 고구려의 회복을 위해서 후고구려라는 명분으로 나라의 재건을 도모해 왔고, 서남쪽에는 후백제가 일어나서 옛 나라의 회복을 위해서 싸우기 시작했다.

그러나 결국은 신라도 백제도 그 나라를 고구려(高句麗)가 아닌 고려(高麗) 나라에 투항해서 바침으로 참으로 오랜 역사가 흘러 간 다음 통일국가(統一國家)를 이루게 된 것이 고려(高麗)였고, 바로 그 고려가 세계 사람들이 부르는 "코리어(Korea)"가 된 것이다.

예로부터 내려 온 민족전통의 역사와 문화를 그대로 이어오면서, 세계의 자랑으로 올라섰던 우리나라 고려(高麗)가 바로 개성(開城)을 도읍으로 하고 세워졌다. 그 때에 연천(漣川)은 개성을 끼고 흐르는 한탄강과 임진강의 물줄기를 품고 돌면서, 이른바 고려시대의 수도권(首都圈)을 형성했던 곳이다.

역사 속의 연천이 통일 조국의 안 뜰이었다면, 분단 조국의 현재도 통일을 안고 살아가는 곳이 바로 연천이다. 그래서 '우리는 통일에 산다'라고 하는 말을 잊으면 안 된다.

아무리 먹고 살아가기 위해서 동분서주(東奔西走)할 찌라도, 자기 나라의 역사(歷史)만은 잊을 수가 없다. 그리고 내가 몸을 담고 살아가는 땅의 위치에 대해서만은 과거나 현재나 다가오는 미래를 생각하면서 살아가야 한다. 민족 전통의 뿌리가 어떠함을 알고 살아야 한다.

그리하여 대한민국이라는 조국의 심장부(心臟部)인 연천은 우리나라의 흥망성쇠(興亡盛衰)를 함께 가름하는 곳이라는 자부심을 가지고 살아간다. 단군조선(檀君朝鮮)이래 갈팡질팡 흩어지고 나뉘어있던 역사를 다시 하나로 묶어 준 고려(高麗)라는 나라가 바로 세계의 사람들이 부르는 '코리어'(Korea)라는 바로 우리나라 대한민국이다.

통일조국의 이름이 바로 고려(高麗)였고, 혀가 굳어서 바로 말하지 못한 서양 사람들이 그 고려(高麗)를 '코리어'(Korea)라고 부르게 된 것이다. 그래서 연천 사람들은 통일조국에서 3,8선을 짓밟고 자나 깨나 통일에 산다.

조국의 분단을 잊고 살았던 시대에도 통일은 왔다. 그러나 지금 당장 우리는 남북한의 통일을 열망(熱望)하면서 살아가고 있다.

연천 사람들은 자나 깨나 단군 왕검께서 세웠던 통일조국에서 살아가고 있다. 어쩌다 분단된 조국의 현실을 한탄하면서, 지금은 분단의 선 삼팔선을 발에 깔고 휴전선을 사이에 두고 살아가고 있다.

사실이 연천읍을 관통하여 흐르는 강(江)의 이름이 한탄강(漢灘江)이다. 그런데 이 이름이 어찌 보면 우리 민족의 탄식(歎息)을 담은 한탄강(恨歎江)인지도 모른다. 그러나 연천 사람들은 모르는 듯이 이를 가슴

속에 묻어두고 살아간다. 아주 말없이 조용히 살아가고 있다.

우리 대한민국의 통일은 미래가 아니라 바로 현재라는 마음으로 연천 사람들은 항상 통일을 누리고 살아가고 있다.

일제의 침략과, 남북으로의 분단과, 동족상잔의 전쟁과, 전재고아(戰災孤兒)들로 완전히 꺼져버린 것과도 같았던 절망의 나라 우리 대한민국이 지금은 전 세계의 자랑 코리어(Korea)로 우뚝 섰다. 비록 남과 북으로 양단된 나라이기는 하나, 우리 대한민국을 모르는 나라가 없다.

전 세계의 사람들이 우리 한국말을 배우고, 앞 다투어서 한국으로 몰려든다. 백인종, 흑인종, 황인종 등 색깔과, 언어와, 모든 문화의 배경을 뛰어넘어서 겨우 10만 제곱 평방키로에 불과한 좁은 나라의 땅으로 세계의 사람들이 앞 다투어서 찾아들고 있다.

기원 전 753년에 티베르(Tiber)강변 작은 산골짝에서, 로물루스(Romulus)와 레무스(Remus)라는 쌍둥이 형제가 세웠다는 아주 작은 도시국가(都市國家)가 전 세계를 재패하게 되었던 로마 제국이었다는 역사를 알고 있다.

세계의 으뜸이요, 자랑인 우리 대한민국 코리아의 중심부인 연천은 우리의 통일 조국을 기다리는 것만이 아니라, 다가 올 전 세계를 지배하고 이끌어 갈 희망과 꿈을 가지고 살아가고 있다.

세계를 이끌고 나아갈 자랑스러운 나의 조국 대한민국의 미래를 설계하면서 열심히 살아가고 있다.

2. 고려나라 수도권(首都圈)으로서의 연천

현대를 살아가는 사람들에게 우리나라의 수도권(首都圈)'을 말하라고 하면, 우선 수도 서울을 둘러싸고 있는 인천(仁川)을 비롯한 경기도(京畿道)의 중심부 일대를 말할 것이다. 그것은 수도(首都) 서울을 중심으로 한 생활권이 되기 때문이라고 할 것이다. 수도권은 당연히 우선 정치(政治)의 중심지가 된다는 말이다.

그리고 당연히 경제(經濟)의 중심지요, 문화(文化)의 중심지요, 교육(敎育)의 중심지요, 산업(産業)의 중심지요, 교통(交通)의 중심지로서 생활(生活)의 중심지가 될 뿐만이 아니라, 세계를 향한 기회의 중심지라고 해야 할 것이다.

이런 점으로 미루어 볼 때에 온 국민들이 자연히 몰려들게 되어있는 곳이 수도 서울이요, 수도권이라고 할 것이다. 특히 서울이 한강(漢江)을 끼고 흘려보내면서 '한강의 기적'으로 현대화(現代化)를 이루었다. 이에 비하여 북한은 대동강(大同江)을 중심으로 수도권을 형성하고 있다. 또, 이에 비하여 연천은 한탄강과 임진강을 흘려보내면서 버티고 있다. 바로 이것이 미래의 조국이 어떻게 꾸며질 것인가를 말하고 있다. 즉, 한탄강과 임진강을 끼고, 남토북수의 땅을 일구어서 통일조국의 중심부로 삼게 할 것이라는 미래의 역사를 꿈꾸면서 가만히 버티고 있다. 연천이 고려(高麗)나라의 수도권이었다는 것을 알면 이해하기가 더 쉬울 것이다.

 연천군 일대에서 파주의 북쪽에 이르기까지, 또, 동북쪽으로는 철원(鐵原)에 이르기까지 넓은 지역이 고려나라의 수도권을 형성하고 있었다는 것은 그 날의 역사 유적지(遺跡趾)들이 이를 증명해 주고 있다. 그리고 말없이 흐르고 있는 한탄강과 임진강의 물줄기가 그것을 노래하고 있다. 통일의 날까지 소리 없이 침묵 속에 미래의 통일조국을 그리고 있다.

 그리하여 연천 땅 산골짝 길로 달리다 보면 그러한 역사의 흔적(痕迹)들을 수없이 많이 발견할 수가 있다. 고려의 태왕을 비롯하여 4명의 왕들을 제사하는 숭의전(崇義殿)으로부터 시작하여, 군자산성이나, 전곡에 있는 선사시대의 유물인 돌도끼들은 연천만이 가지는 역사적인 사료(史料)이면서 우리의 자랑이라고 생각한다.

 고려나라의 수도권(首都圈)이었던 연천은 아주 조용히 다가올 통일의 날에 그치는 것이 아니라, 세계의 중심을 이상(理想)으로 하고, 말없이 설계를 하고, 부풀어 오른 꿈속에 희망을 노래하고 있다.

 지금 우리나라 수도 서울이 포화상태를 지나서 온갖 악조건들로 퇴패해 가고 있다. 이를 끼고 서울 사람들이 수도권을 형성하고 있는 경기도로 분산되어 빠져나가고 있다. 바로 그렇게 하는 것이 수도 서울의 대안이라고 할 것이다. 그러므로 우리 연천은 고려시대의 수도권(首都圈)이었으므로, 미래에 다가 올 대한민국(大韓民國)의 심장부(心臟部)일 뿐만 아니라, 세계의 중심이 될 것을 기다리면서 그 설계(設計)를 하고 있다.

3. 신라의 마지막 왕 경순왕릉(敬順王陵)

왕릉(王陵)은 임금님의 묘소(墓所)를 이르는 말이다. 그런데 분명히 고려(高麗)는 송악(松嶽)을 중심으로 한 개성(開城)에 자리하고 있었고, 신라(新羅)는 멀리 남쪽으로 경주(慶州)를 중심으로 하고 있었다. 그리고 역사적으로 볼 때에도 신라(新羅, BC :57-AD 935)는 고려에 비하여 훨씬 더 먼저 된 고대국가(古代國家)로서 무려 천 년간을 이어 온 오랜 역사의 나라였다. 그리고 경순왕(敬順王)은 신라의 마지막 왕으로 이해하면 된다.

그런데 문제는 마땅히 지금의 경상도(慶尙道)인 경주(慶州)를 중심으로 있어야 할 경순왕(敬順王)의 능(陵)이 경주지방이 아닌 경기도(京畿道)의 연천 땅에 있다는 사실이다. 정확하게 말해서 경순왕의 왕릉은 경기도 연천군 장남면 고량포리에 자리하고 있으며, 사적(史籍) 제244호로 등록되어 있다.

경순왕은 신라의 제46대 문성왕(文聖王: 839-857 재위)의 후손이었다. 그러한 신라 마지막 왕 경순왕의 왕릉이 연천에 있다는 것은 참으로 중요한 역사적인 뜻을 갖는다.

후백제(後百濟)의 견훤 왕(甄萱王)이 어렵게 신라를 공략하여 점령한 다음 신라의 공민왕(恭愍王)을 폐위시키고, 경순왕(敬順王)을 후임으로 즉위케 했다. 그리고 백제로 돌아간 다음 자기가 세운 경순왕이 자기에게 신라를 바칠 것으로 생각하고 기다렸다.

그런데 경순왕은 세자(世子)를 비롯한 일부 신하들의 반대에도 불구하고, 기어이 멀고 먼 고려까지 찾아올라가서 고려(高麗)의 왕건(王建) 왕에게 투항(投降)하고 신라 나라를 고려국(高麗國)에 바쳐버렸다. 이로써 신라 천년 왕국의 역사는 끝이 나게 되었다.

경순왕은 결국 다시 경주로 돌아가지 않고, 여생을 고려에서 머물다가 거기에서 죽게 되자, 경주에 있는 신라인들은 경순왕의 시신(屍身)이라도 신라의 고토에 묻고자 했으나, 송악(松嶽)으로부터 100리 남짓 떨어진 남쪽 연천에 그의 무덤을 정하고 여기에 매장하여 경순왕릉이 생겨지게 되었다. 고려의 조정(朝廷)에서는 그를 연천 땅에 묻어 드리고 제사를 드리게 했다. 그렇게 해서 경순왕의 왕릉이 연천에 있게 되었다. 지금도 경순왕릉 앞에 있는 돌비는 한국 전쟁 때에 맞은 총탄의 흔적이 민족분단의 아픔과 동족상잔(同族相殘)의 쓰라린 역사를 울먹이고 있다.

이는 하나의 역사적인 사건일 뿐이다. 그러나 그 역사가 지닌 뜻은 참으로 중요하다. 즉, 아직도 신라는 근 천년 을 이어오면서 태평성세를 이루고 있었으나, 신라와 당나라의 연합작전으로 폐망하게 된 고구려의 재기운동(再起運動)은 쉴 새 없이 계속되었다. 그러므로 고려도 후고구려의 재건운동으로 출발을 하게 되었고, 백제도 676년을 전후하여 신라의 삼국통일에 묶여서 기를 쓰지 못하고 있다가 견훤(甄萱) 장군 때에 백제나라의 옛 영광을 되찾고자 후백제를 세워서 나라의 재건을 부르짖고 일어났다.

신라통일은 나당동맹(羅唐同盟)에 의한 것이었으므로 완전한 통일(統一)을 뜻할 수는 없었다. 그러나 신라의 경순왕(敬順王)이 멀리 송악(松嶽)에 까지 찾아가서 신라 나라를 고려태왕 왕건(王建)에게 바쳤고, 후백제의 견훤왕 역시 그의 말년에 고려로 올라가서 후백제를 고려왕에게 바쳐버리므로, 고려(高麗)는 자연히 통일국가(統一國家)로 발전하게 되었다.

이는 단순한 것이 아니라, 단군성조(檀君聖祖)이래 처음으로 우리 한반도에 통일된 나라가 세워지게 되었다는 말이다.

우리는 역사를 읽으면서 고려나라의 찬연했던 문화를 알 수 있다. 그러나 더 중요한 것은 "고려(高麗)"라는 나라 이름이 지금 전 세계가 부르는 "코리어"(Korea)로 부르게 되었다는 것이다. 이런 의미에서 생각해 볼 때에 신라의 마지막 왕 경순왕의 왕릉(王陵)이 연천에 있다는 것은 과거의 통일이, 바로 지금의 통일이라는 뜻을 가지고 있어서 연천 사람들은 과거나 현재나 미래를 불문하고 하나의 조국 통일에 산다는 자부심을 가지게 한다는 말이다.

언제나 역사(歷史)는 정직하고 진실하다. 그리고 가장 위대하고 정확한 진리의 교사(敎師)가 바로 역사라고 할 때에 연천은 '참 역사의 진리'를 교훈으로 가지고 있다는 말이다. 바로 그것이 통일 조국이다. 그래서 남토북수의 땅 연천은 과거에도 통일의 중심이었고, 현재도 통일에 살며, 다가오는 미래에도 통일의 중심이라는 것을 말해주고 있음이다.

경순왕의 왕릉이 여기에 있다는 단순한 사건 이상의 역사철학(歷史哲學)의 깊은 진리를 우리에게 웅변해주고 있음이 아니겠는가?

4. 2읍(邑) 8개 면(面)으로 얽혀 사는 연천

본래 연천군은 고구려(高句麗) 시대에는 공목달현(功木達縣)으로 있다가, 또, 신라(新羅)의 통일시대에는 공성현(功城縣)으로 불렸는데, 다시 고려(高麗) 시대에 들어와서는 장주현(障州縣)으로 불러 오다가 충선왕(忠宣王)때에 이르러 연천현(漣川縣)이라고 불러 왔었는데, 1914에 이르러서 현재의 연천군으로 부르게 되었다.

특히 연천군은 1950년 6월 25일에 일어난 한국 전쟁 때에 수많은 젊은이들의 생명을 바친 전쟁터의 최전선(最前線)이었고, 북한의 통치에서 벗어나서 대한민국이 되찾은 수복(修復)한 지역이다.

아직도 우리 국민들의 가슴 속에는 군인들만이 버티고 있는 최전방으로 알고 있다. 사실이 그렇다. 그런데도 날이 가고 세월이 흐를수록 사람들이 연천으로 몰려오는 뜻이 무엇일까를 생각해 본다.

지금까지의 사람들은 기회만 되면 서울로 옮겨 갔다. 살기가 좋아서 옮겨 갔고, 출세를 하기 위해서 옮겨 갔고, 사람답게 살아보겠다고 서둘러서 서울로 몰려갔다. 그러나 지금은 아니다. 서울의 인구가 계속해서 줄어져 가고 있다는 것은 세상이 다 알고 있는 일이다.

그런데 연천은 그렇지 않다. 날이 갈수록 사람들이 몰려오고 있다.

젊은 사람들이 몰려오고, 늙은 사람들이 몰려오고, 전역 장병들이 몰려오고, 연구의 뜻을 가진 많은 사람들이 몰려오고 있다.

그것은 연천이 살기가 좋아서이다. 사람들의 인심이 좋고, 자연의 경치가 좋고, 미래의 희망이 있어서 좋고, 민족의 숙원인 통일을 누리고 살아가기 때문에 참으로 좋은 곳이라고 생각하여 연천으로 몰려온다.

남토북수의 땅 연천군은 행정상으로 볼 때 연천읍을 행정중심의 도읍으로 하여 군민의 생활을 이끌어 주고 선사시대(先史時代)의 유물을 간직하고 있는 전곡읍이 있다. 그리고 군남면, 청산면, 미산면, 백학면, 왕징면, 신서면, 중면, 장남면 등 여덟 개의 면으로 나누어져 있다.

'연천'하면 군사 작전지역으로서 최전방(最前方)으로 통한다. 그러나 연천군의 면마다 깊은 산골과 높은 봉우리의 산악지대(山岳地帶)로 이루어져 있으나, 북쪽 땅에서 흘러내려 온 맑은 물을 받아서 농사를 짓고 살아간다. 자연이 아름다우니, 인심도 좋고, 남다른 행복감에 잠겨서 평화롭게 살아가고 있다.

면마다 자기만의 특성과 역사적인 옛 이야기들을 간직하고 있다.

굽이굽이 산골길을 따라서 들어가면 간곳마다 널려있는 푸르른 들판은 보기만 해도 배가 부르게 한다. 연천은 무엇인지는 모르게 잡히지를 않으면서도 당장 손에 잡힐 것 같은 꿈을 꾸게 한다. 자기도 모르게 희망의 꽃이 싹트게 한다. 전 세계가 국제화(國際化)의 시대로 발전해 가고 있고, 우리나라의 문화형식이 전국적으로 평준화(平準化)로 되어가고 있다. 그럴수록 연천은 더 큰 꿈을 꾸면서 기지개를 펼 날이 다가오고 있다는 것을

실감나게 한다. 희망의 땅 연천, 통일의 땅 연천, 행복이 잠들어있는 땅 연천은 지칠 줄 모르게 발전에 발전을 거듭해 가고 있다.

개발의 정(釘)소리가 끝이지 않고, 땅을 뒤엎는 트렉터 기계소리가 산골짜기마다 우렁차게 울려 퍼지고 있다. 그렇게 해서 날마다 연천의 모습이 현대화(現代化)로 발전해 가고 있다는 것을 실감 있게 보여주고 있다. 연천 사람들은 항상 바쁘다. 숨을 돌릴 틈이 없을 정도로 바쁘게 살아가고 있다.

몰려오는 사람들을 맞이하기가 바쁘고, 통일의 날에 몰려 올 사람들의 터전을 만드는 일에 바쁘고, 대한민국 조국의 중심부를 일구는 일에 바쁘고, 자기가 살아가기가 바쁘다. 눈 코 뜰 새 없이 바쁘다. 열심히 살아가기에 바쁘다. 그 바쁨의 뜻이 곧 통일 조국의 심장부로서의 바쁨이요, 다가오는 미래에 세계의 중심을 만들기 위해서 더 바쁘다.

우리가 생각하는 연천은 군인(軍人)들만이 설쳐대는 전선(戰線)으로만 착각을 할 수 있을 것이다. 물론 그러한 생각도 잘 못이라고는 하지

않는다.

그러나 연천은 통일조국의 미래를 위하여 기다리는 것이 아니라, 준비를 하면서 살아가고 있고, 미래의 통일을 현재에도 누리면서 살아가고 있다. 그것은 골짝마다 건설의 정(釘) 소리와 기계 소리가 증명해 주고 있다. 연천은 우리의 소원인 통일을 눈으로 볼 수 있고, 귀로 들을 수 있고, 손으로 만질 수 있는 통일에 부풀어서 통일을 만들면서 열심히 살아가고 있다. 그러면서 아주 조용히 세계의 중심을 만들려는 야심에 들 떠 있다.

연천, 연천, 연천은 노래한다. 자기 행복에 취해서......!

1) 군청 소재지의 연천읍(漣川邑)

연천읍은 한탄강을 끼고 짜여있는 산골 속의 작은 도시마을이다. 87.98 평방키로미터에 인구라야 겨우 1만 여명에 불과하다.

　읍(邑) 사무실은 차탄리에 있고, 1979년에 읍(邑)으로 승격하기는 했으나, 현실적인 의미에서라기보다는 수복지구로서 장래를 생각하면서 일단 읍으로 승격을 시켜놓고 계속적인 발전(發展)을 유도(誘導)하는 산골 속의 작은 성읍 마을이라고 함이 옳을 것이다.

　그리고 연천군 전체를 관장하는 군청(郡廳)도 여기 연천읍에 있다.

　여기 연천읍에는 수많은 역사의 유적(遺蹟)과 유물(遺物)들을 간직한 보고(寶庫)로서의 고을임을 자랑한다. 여기에서 연천 군민들의 복지(福祉)와 행복으로 가는 모든 행정이 이루어진다. 그리고 군청 마당에 있는 향(香)나무에서 풍겨나는 냄새는 연천 군민들의 아름다운 마음씨를 자랑이라도 하듯 언제나 365일을 쉬지 않고 훈훈한 향기를 뱉어냄으로 오고가는 사람들의 마음을 흥겹게 해 준다.

줄기차게 발전을 거듭하고 있는 연천은 군민들을 비롯하여 군인들까지 합세하여 통일조국의 심장부를 꾸며가고 있다. 그러면서도 속으로는 세계의 중심을 노리고 있다. 연천은 반드시 그렇게 될 것이다.

고무리에 있는 오봉사지 부도(浮屠)는 경기도 유형문화재 제131호로 지정되어있고, 통현리에 있는 지석묘는 경기도 문화재 자료 제52호로 되어 있으며, 차탄리 태봉 봉수의 성지(城址) 또한 빼어놓을 수 없는 우리의 자랑이다.

연천읍은 다가오는 통일 조국의 심장부(心臟部)가 되기 위해서 말없이 발전해 가고 있다. 청정지역으로서의 자연과 함께, 우리나라 최고의 발전(發展)의 전망(展望)을 안고 있는 연천은 한 마디로 풍요로운 보고라고하면 될 것이다. 연천읍의 길거리로 나서면 아직도 여물지 않은 풋냄새가 풍길 정도로 갓 태어난 어린애처럼 비린내가 풍기는 것 같다. 그러면서도 다무진 속살은 여기저기에서 튕겨나고 있어서 연천의 내일을 밝게 비쳐주고 있다.

2) 선사시대의 유적지 전곡읍(全谷邑)

전곡읍은, 전곡리에 기원 전 50-10만년 전 선사시대(先史時代)의 유적지(遺蹟地)로도 유명하다.

　우리나라가 세워지기 훨씬 전부터 역사의 흔적을 간직한 전곡읍은 조용한 잠고대 속에 미래의 조국을 설계하고 있다. 온대리에 있는 지성 (地城)은 경기도 기념물(記念物) 제197호로 되어있고, 후삼국시대에 활동했던 궁예의 보계산성은 우리 역사 유물의 자랑이다.

　연천읍과 함께 산골 속의 번화가로 통하는 전곡읍은 과거와 현재와 미래로 가는 역사와 문화의 교착점(交着點)으로서의 꿈을 간직한 채 날마다 발전에 발전을 거듭하고 있다.

　전곡읍은 연천 군의 남쪽 끝에 자리한 55.20평방 키로미터에, 인구라야 겨우 1만명 내외의 작은 산속의 소도시이다. 전곡읍은 1954년에 수복지구 임시행정 조치법에 의하여 행정권이 주어졌으며, 1985년에야 겨우 연천읍에 이어서 두 번째로 읍으로 승격했다.

다행한 것은 경원선이 전곡읍을 통과하게 되어 있고, 문산과 포천으로 연결되는 37번 국도(國道)가 읍을 지나게 되며, 또, 서울과 직결되는 3번 국도가 교통의 중심을 이루고 있다는 점이라고 할 것이다.

그러나 전곡읍은 많은 선사유적지(先史遺蹟祉)와 지석묘(支石墓)등으로 유명하고, 특히 한탄강 철교 아래 조성된 약 15만평의 한탄강 국민 관광지가 유명하여 여름철에는 멀리 서울에서 수많은 관광객이 몰려오는 곳으로도 유명하다.

3) 여유롭게 살아가는 군남면(郡南面)

군남면은 연천군 중남부에 위치한 45.63평방키로미터에 지나지 않는 넓지 않은 땅에 겨우 5천명 내외의 인구로 짜여저 있는 면이다. 동쪽으로는 군자산이 남북으로 뻗어서 연천읍과의 경계를 이루고, 서쪽으로는 임진강이, 남쪽으로는 한탄강이 면의 경계를 이루고 있다.

특히 군남면은 임진강을 끼고 논과 밭이 비옥한 땅으로 평야를 이루고 있어서 비교적 부유 속에 평화를 누리고 있는 안전지대의 면으로 꼽힌다. 연천읍과의 경계삼거리 성지로 알려진 수철성지(水鐵城址)와, 옥계리 성지가 유명하고, 왕림리에 있든 봉화봉 봉수(烽燧)는 6,25전란 때에 파괴되어 버린 것이 아쉽기만 하다.

한 나라의 역사는 수많은 전쟁(戰爭)을 통해서 이루어진다. 한번 전쟁이 휩쓸고 간 자리는 폐허화 될 수밖에 없다. 그리고 그 자리는 수많은 사람들의 목숨이 쓸어져 간 곳이다. 여기 수철성지로 이름 높은 군남면은 어쩌면 지금도 산천초목까지 쓸쓸해 보일정도로 우수수하기만 하다. 그것은 역사적으로 볼 때에 너무도 많은 생명들이 전쟁의 희생물이 되었다는 증거일지도 모른다. 전쟁의 신호로 피워 올렸던 봉화대(烽火臺)가 여기에 있었고, 성지(城址)들만으로 쓸쓸하게 남아있다면, 이곳은 다가오는 세대에게, '더 이상 싸워서는 안 된다'는 것을 소리없이 외치고 있음이라고 할 것이다.

4) 숭의전(崇義殿)과 함께 하는 미산면(嵋山面)

미산면은 연천군의 중남부에 위치하여 비교적 평온한 날씨 속에 새롭게 굼틀거리고 일어나는 작은 면으로서, 면적은 41.26평방키로 미터에 2,000여명의 인구를 가진 소수민의 면이라고 할 것이다. 그런데도 미산면은 고려왕조 대의 수도권(首都圈)이었든 것으로 짐작된다.

그 이유는 고려 태조를 비롯하여 4명의 왕을 제사했든 숭의전(崇義殿)이 있는 것으로 보아서 미루어 짐작할 수 있다. 이 숭의전은 미산면 숭의전로 382-27에 자리하고 있는데, 1971년 12월 27일, 사적 제223호로 지정되어 있다. 그런데 이 숭의전은 1399년, 정종 (定宗)의 왕명에 의하여 고려 태조(太祖)를 비롯하여 혜종(惠宗), 성종(成宗), 현종(顯宗), 문종(文宗), 원종(元宗), 그리고 충렬왕(忠烈王), 공민왕(恭愍王) 등 고려나라 8왕의 위패(位牌)를 봉안케 하여 제사를 지내게 했다.

그러나 1425년 이씨조선 4대왕 세종 7년에 이를 시정하여 태조, 현종, 문종, 원종 등 4왕의 위패만을 봉안케 했다.

숭의전은 1605년, 1727년, 1789년, 1868년, 1908년 등 무려 다섯 차례에 걸쳐서 개수(改修) 또는 중수(重修)작업을 계속해 오다가 1950년에 일어난 한국 전쟁 때에 완전히 불타버렸든 것을 1971년에 다시 원형대로 재건(再建)하여 오늘에 이르렀다. 특히 숭의전을 중심으로 전당의 청소와 관리를 담당했던 이안청(移安廳), 16공신의 위패를 모신 배신청(陪臣廳), 제기(祭器)등을 보관하는 전사청(典祀廳), 제례 준비를 했던 앙암제(仰巖齊)등이 어깨를 나란히 하고 있다. 그리하여 지금까지 고려의 4왕 외에 고려조의 충신 복지겸, 홍유, 신숭겸, 유금필, 배현경, 서희, 강감찬, 윤관, 김부식, 김취려, 조충, 김방경, 안우, 이방실, 김득배, 정몽주등 16명의 충신들을 위한 제사를 지내는 곳이다.

이 외에도 미산면에는 장두봉 시암벽이 유명하고, 백석리에는 정발장군의 묘가 있어서 이를 경기도 기념물 제51호로 지정되어 있다. 또한 동이리에는 연천 당포성이 사적 468호로 지정 되었고, 특히 왕림리에는 한국전쟁의 격전지로서 "충혼탑"이 세워져 있어서 오고가는 사람들의 옷깃을 여미게 한다.

그 외에도 미산면에는 마전리에 목은(牧隱)의 영당이 있고, 유촌리에는 신호(申浩)의 묘가 있다. 또한 아미리에는 어수정(御水亭)과 옻샘등이 있는데, 여기에서 나는 물들은 신비한 약수(藥水)로서 유명하다.

미산면은 면사무소를 제외하면 거의 문화시설이나 어떤 편의 시설이 거의 없는 상태여서 주민생활에 다소 어려움은 있지만 앞으로 개발의 잠재력은 어느 지역에 비해도 뒤지지 않는 미래의 희망을 가지고 날로 번창해가는 면이라고 할 것이다. 면사무소는 있으나, 경찰관의 파출소 라던가, 우체국 같은 것도 멀리 우정리에 떨어져 있고, 당연히 있어야 할 농협 같은 것도 없고, 면소재지 유촌리에는 그렇다 할 문화 시설 같은 것이 없으니 아쉽기만 하다. 그러나 위기는 기회라고 했으니 앞으로 미산면은 어느 다른 면소재지에 비해서 더 밝은 미래의 개발과 발전을 기약하고 있다고 본다.

이 글을 쓰는 사람은 미산면 유촌리 산골짝에 조그마한 밭을 사서 서재실을 지었으니, 앞으로 내가 몸을 담고 있는 미산면 유촌리의 발전을 위해서 작은 정성이라도 쏟아 부어야 한다는 것을 절감하게 한다.

5) 백학(白鶴)들이 날아드는 백학면(白鶴面)

백학면은 연천군의 남쪽에 자리하고 있어서 비교적 포근함을 느끼는 면으로서, 61.38 평방키로미터에 인구 4,000명 내외의 안정 된 면이라고 하겠다. 백학면의 북서쪽에는 해발 308m의 용호산(龍虎山)이 솟아 있고, 남쪽에는 임진교(臨津橋))를 사이에 두고 파주군(坡州郡)과의 경계를 이루고 있다.

그런데 백학면은 면소재지를 지나 조금만 북상하여 올라가노라면 바람에 나부끼는 태극기와 함께 백학 저수지(貯水池)를 중심으로 날아드는 흰 새들의 서식지로 유명하다. 학곡리에는 청동기시대(靑銅器時代)의 고인돌이 경기도 기념물 제158호로 기록되어 있어서 옛 선조들의 혼이 잠들어 있는 곳으로도 더욱 더 유명하다. 그리고 두일리에는 박진 장군의 묘가 경기도 기념물 제110호로 등재되어 있어서 더욱더 나라사랑의 마음을 일깨워 준다. 뿐만 아니라 산골마다 들판을 수놓은 인삼(人蔘) 밭들은 개성(開城)을 중심으로 한 고려인삼(高麗人蔘)의 원산지됨을 자랑하고, 백학면의 고추는 우리나라 명품으로도 유명하다.

6) "철도는 달리고 싶다"의 신서면(新西面)

신서면은 군의 동북쪽의 북단(北端)에 자리한 131.96 평방키로미터에 이르는 넓은 산악지대의 땅에, 인구 4,000여명으로 짜여져 있는 산악지대(山岳地帶)의 면이다.

북쪽 중앙에는 해발 477m의 천덕산(天德山)이 솟아 있고, 동쪽에는 해발 832m나 되는 고대산(高臺山)과, 877m의 지장봉(地藏峰)등이 높이 솟아 있어서 차탄천의 물을 흘려 보냄으로 경작지를 이루어서 주민들의 농사를 돕고 있다. 신서면은 연천군 중에서 가장 넓은 면적을 가지고 있기는 하나, 거의가 산악지대로서 주로 밭농사에 생계를 유지하게 하는 것이 특별하다고 할 것이다. 특히 대광리에는 휴전선(休戰線) 9.5km 떨어진 경원선(京元線) 철길의 종단점(終端點)으로, "철도는 달리고 싶다"라는 푯말이 세워져 있는 곳으로 유명하다.

　그리고 세산리에는 심원사(深源寺)라는 사찰이 있었으나 지금은 6.25 한국 전쟁 때에 불타버렸고, 그 흔적만을 남기고 있으나, 심원사지 부도군은 경기도 유형문화재 제138호로 등재되어 있고, 석대암에 있는 지장영상도 유명하다. 그리고 대광리에는 6.25 한국 전쟁 때의 전투 기념비가 세워져 있어서 호국의 영령들과 함께 숨쉬며 살아가는 면으로 유명하다.

　어느 지역이 소중하지 않겠는가마는 신서면 대광리에 있는 '전투 기념비'는 말없이 우리나라 한국전쟁의 역사를 경험해 보지 못한 신 세대의 사람들에게는 꼭 알아두어야 할 역사의 숨결이라고 할 것이다. 한국전쟁 때에 그들이 죽었기 때문에 끝이 난 것이 아니라 오늘의 삶이 있고, 우리의 부모님들이 늙었기 때문에 필요가 없는 것이 아니라 오늘의 행복을 누릴 수 있다는 것이다. 다시 말하면 전사(戰死)의 죽음이 있었

기 때문에 현재의 우리가 살아있고, 부모님들의 늙음이 있었기 때문에 오늘의 행복이 있다는 것을 알아야 한다는 말이다. 여기 '전투 기념비'는 그것을 우리에게 소리 없이 전해 주고 있다.

그리하여 신서면의 사람들은 이 '전투 기념비'를 바라볼 때마다 옷깃을 여미고 그들의 넋을 위로(慰勞)하고 명복(冥福)을 빌어주는 기도를 드리는 마음을 가지고 살아간다.

7) 역사 유물이 숨쉬는 왕징면(旺澄面)

왕징면은 연천군의 서북단에 자리한 86.31 평방키로미터의 면적에, 1,500명 내외의 인구를 가지고 있는 산골 면이다. 교통은 324번의 지방도와 8번의 군도가 있으나 아직은 좀 불편한 편이라고 하는 것이 맞을 것이다.

왕징면의 중앙에는 고왕산을 비롯하여 여러 개의 산들이 얽혀있고, 여기 주민들은 주로 밭곡식에 의존하여 생계를 유지해 나가는 한가로운 면이라고 보아야 할 것이다. 강서리에는 미수허 묘역이 있어서 경기도 기념수 184호로 등재되어 있고, 유곡리 사지에는 석불좌상이 있어서 불교문화의 유산으로 전해지는 면이다.

우리나라에 불교(佛敎)가 처음 들어 온 것은 일찍이 고구려(高句麗) 제17대 소수림왕(小獸林王) 2년 곧 기원 372년에 순도(順道)라는 중과 불상을 드려온 것으로부터 시작되었다. 그 후 백제에는 중국에서 불교가 들어왔고, 신라에는 제19대 눌지왕(訥祗王)때인 5세기경에 고구려로부터 불교를 들여왔으나, 불교가 신라의 국교(國敎)가 되면서부터 신라문화의 중심에 서게 되었다. 그러한 불교의 흔적을 여기 왕징면에서 간직하고 있다는 것은 아무리 전란(戰亂)의 와중에도 자비(慈悲)로운 사상만은 여기 사람들의 가슴 속에 흐르고 있었다는 것을 말하고 있으며, 지금까지 여기 연천 사람들은 성품이 외유내강(外柔內剛)으로 가득 차 있다는 것을 알게 함이라고 할 것이다.

8) 경순왕릉이 자리한 장남면(長南面)

장남면은 인구 1,000명 내외에, 53.96 평방키로미터의 땅을 가진 면이다. 남으로는 임진강을 사이에 두고 파주시와 경계를 이루고, 동북쪽으로는 사미천이 백학면과의 경계를 이루고 있다.

대부분의 땅이 민통선(民統線)북쪽에 널려 있어서 아쉽기는 하지만 그래도 임진강을 끼고 넓은 농토를 이루고 있어서 연천군 중에서도 논농사로 이름 높은 면이라고 할 것이다.

무엇보다도 왕징면은 참으로 우리나라 중요한 역사철학(歷史哲學)의 진수(眞髓)가 감추어져 있는 면이라고 자부할 것이다. 그것은 신라의 최후 왕 경순왕의 왕릉이 있다는 것과, 고려 말의 대학자 목은 이색(李穡)의 영정이 있어서 산속에서 학문과 사상을 지켜 나온 절개(節介)의 고장으로도 유명하다. 경순왕릉은 사적(事蹟) 제244호로 등재되어 있어서 예나 오늘이나 조국통일의 염원을 절규해주고 있다 할 것이다. 또한 아미리의 미수서원지, 원당리에는 연천 호로고루가 사적 제467호로 등재되어 있어서 흘러간 옛 역사와 함께 살아간다는 것을 알게 한다.

특히 왕징면에 신라의 최후 왕 경순왕의 릉(陵)이 있다는 것은 역사적으로 볼 때에 참으로 중요한 뜻을 가지고 있다. 즉, 신라와, 고구려와, 백제의 삼국시대가 끝나고, 신라의 제29대 무열왕(武烈王)과 제30대 문무왕(文武王)의 통치시절에 나당동맹(羅唐同盟)으로 외세를 힘입고 660년에는 백제(百濟)를 제압했고, 668년에는 고구려를 통합하므로 신라 통일국이 이루어졌다.

그 후 백제와 고구려는 자기 국권(國權)의 회복을 위해서 수없는 전쟁을 치려야 했다. 멀리 북쪽에서는 고구려의 후신(後身)인 발해(渤海)

가 넘보고 있었고, 서남쪽에서는 후백제(後百濟)가 일어나서 끝없는 도전을 해왔다. 그러다가 마침내 신라의 마지막 왕 경순왕(敬順王)이 멀리 북행하여 신라를 고려국(高麗國)의 왕건태조(王建太祖)에게 바쳐 버림으로 천년의 역사를 자랑하던 신라도 935년에 역사의 뒤안길로 사라지고, 삼천리반도 금수강산에 단군조선 이래 다시 통일국가(統一國家)가 이루어지게 되었다. 그리하여 오늘에 이르기까지 전 세계가 부르는 '코리어(Korea)'가 된 것이다.

여기 장남면에 경순왕릉이 자리하고 있다는 것은 연천 사람들의 구호인 '대한민국의 심장부' 연천은 통일조국의 중심부가 된다는 것을 지정학적(地政學的)인 의미에서만이 아니라 역사적(歷史的)인 사건으로 증언해 주고 있다고 함일 것이다.

우리나라 배달민족의 한결 같은 꿈은 오직 남북한의 통일이다. 남과 북이 통일조국으로 만들어 내는 것이다. 다시 한 번 천년왕국의 신라(新羅) 최후의 경순왕이 저 멀리 남쪽에서 한사코 북쪽 고려(高麗)나라에까지 찾아와서 태왕(太王) 왕건(王建)에게 나라를 바쳤어야 했던가를 생각해 보아야 할 것이다.

경순왕이 볼 때에는 그렇게 하는 것이 나라의 통일조국을 위해서 옳은 일이라고 생각했기 때문에 선택한 길이었던 것이다.

9) 선사 유적지로 숨어서 살아가는 중면(中面)

연천군의 북쪽에 위치한 중면은 88.55평방키로미터의 땅에 미처 500명에도 이르지 못한 소수인구의 면이다.

중면은 면 전체가 군 북쪽에 자리한 산악지대의 땅으로서 대부분이 휴전선(休戰線)에 접해 있어서 군내에서도 가장 인구가 작은 면이기는 하나, 그 대신 전방을 지키는 군인들로 젊음의 패기가 넘치는 면이라고 해야 할 것이다. 임진강의 지류를 타고 약간의 농지가 형성되어 있기는 하나 농사도 미미한 정도에 불과하다고 보아야 할 것이다. 약간의 농사를 짓는다고 해도 삼곶리(三串里)와 횡산리(橫山里)를 제외하고는 거의가 군사 통제 지역으로 되어 있어서 옥수수, 콩, 참깨 정도의 농산물이 나는 것으로 만족해야 한다. 특히 상곶리에 있는 돌무지무덤이 경기도

기념물 제146호로 등재되어, 선사시대(先史時代)의 선조들과 함께 숨결을 나누면서 살아가면서 학계의 관심을 모으고 있다.

중면에 선사시대(先史時代) 돌무지의 무덤이 많이 있다는 것은 인간의 역사(歷史)가 시작되기 이 전부터 원시인(原始人)들이 여기에 모여 살면서 인간의 문화를 일으켜 왔다는 증거라고 할 것이다. 선사시대의 사람들이 임진강을 끼고 모여서 살았다는 것은, 여기가 예로부터 사람들이 모여 살기에 아주 좋은 곳이었다는 것을 말해주고 있다. 동시에 사람들이 알지 못한 옛 원시인들의 삶터로 미래의 사람들에게 행복한 삶의 보금자리를 약속해 줌이라고 할 것이다.

10) 전쟁의 성지(城址)들로 짜여있는 청산면(靑山面)

청산면은 군의 동남쪽 끝에 자리하고 있는 43.30 평방키로미터의 면적에 인구 5,000명 남짓한 안정된 면이라고 할 것이다.

면 전체가 남쪽에 있는 해발 589m의 종현산(種顯山)을 중심으로 거의 모든 면이 산지에 둘러싸여 있다. 동북쪽으로는 영평천(永平川), 북쪽에는 대전천(大田川), 남쪽에는 수동천(水洞川)등이 있어서 면 전체를 강으로 둘러싸고 있으므로 밭농사를 하는데 크게 도움을 주고 있다. 교통으로는 경원선(京元線)이 조성역을 지나며, 3번 국도(國道)가 남서

쪽을 가로질러 전곡과 문산을 연결하는 37번 국도와 연결하면서 면 중심부를 횡단하게 되어 있다.

그런데 청산면에는 유독 성지(城址)들이 많이 있어서 역사적으로 크고 작은 전쟁의 격전지였음을 말해 주고 있다. 대전리에 있는 대전리 성지, 명매초 성지, 임진난 때에 축성된 것으로 전해진 초성리 성지 같은 것은 청산면이 얼마나 많은 충혼(忠魂)들이 잠들어있는 곳인가를 알게 해 준다.

전쟁이 많았던 지역이라고 하는 것은 이 지역에 대한 전술적(戰術的)인 뜻도 있겠으나, 다른 한편으로는 없어서는 안 될 요새(要塞)로서의 중요한 위치에 있었다는 것을 말해 준다.

그러므로 청산면은 전쟁 당사국들 간의 어느 편이라는 것보다도 모두에게 필요하고 중요한 곳이었다는 것을 말해 준다. 연천군은 어느 지역 할 것 없이 많은 호국의 영들이 잠들어있는 충혼(忠魂)의 비(碑)들로 가득 차 있다.

5. 연천군의 속살은 살찌다

연천군을 얼핏 보기에는 산간에 묻혀서 근근이 살아가는 화전민(火田民)들의 땅이나, 군인들만이 설치는 땅으로 오해할 수 있다.

전국적으로 보더라도 인구가 가장 작은 자치 군중의 하나요, 군인들이 차지하고 있는 군사시설의 요충지(要衝地)로 알려져 있다. 그러나 이것은 남들이 알지 못한 또, 다른 희망(希望)이 잠들어 있는 곳이라는 것을 말해 준다. 그것은 어느 때인가에 있을 남북통일이 이루어지는 날에는 당당하게 대한민국의 심장부(心臟部)로서 중앙에 우뚝 서게 될 것이라는 것을 뜻하고 있다. 더구나 남모르게 '세계의 중심'을 꿈꾸면서 조용히 그 날을 설계하고 있는 희망이 잠들어 있는 땅이라는 말이다. 바로 그것을 한탄강이 노래하고 있고, 임진강이 기다리면서 하품을 하고 있다는 말이다.

그러므로 연천군은 살찌고 비옥(肥沃)하다. 모든 것들이 풍요롭고 사람들의 마음씨까지도 든든하고 믿음직하다. 인심 좋기로도 유명하고, 모든 사람들에게서 친절(親切)과 바른 예절(禮節)을 배울 수 있다는 것도 자랑이라고 생각한다.

그리고 거의 무한정을 널려있는 미 개발지역의 땅들은 앞으로의 개발과 발전을 약속이라도 해 주는 증거라고 자부할 수 있다. 뿐만 아니라 파고 들어가면 들어갈수록 선사시대(先史時代)의 유물(遺物)들로부터 시작하여 오늘에 이르기까지 살기 좋은 곳이요, 미래의 꿈이 싹터오르는 땅이다.

산골마다 널려있는 비옥한 땅들은 옥토(沃土)로 이루어져 있고, 뿌리 깊은 역사의 유적(遺蹟)과 유물(遺物)들이 골짜기마다 묻혀있어서 연천의 풍요를 웅변해주고 있다. 발길에 차이는 풀포기 하나까지 청정 맑은 환경의 탓으로 옛 모습을 그대로 간직하고 있고, 널려있는 산봉우리마다 우리 선열(先烈)들의 옛 이야기와 발자취를 가득히 안고 있어서, 현재와 영원한 미래까지를 지켜준다. 천혜의 자연은 불변의 절조(節操)를 뽐내기라도 하듯 언제 어디를 보아도 청청하늘과 함께 푸르름을 노래한다. 지형적으로나, 역사적으로나, 또한 사람들의 마음씨까지 옛 이야기들을 그대로 가슴 속 깊이 묻어두고, 골짜기마다 간직하고 있는 그 이야기들과 함께 속삭이며 살아간다. 무엇보다도 우리나라는 세계적인 관광입지국(觀光立地國)으로서 다가오는 미래를 약속하면서 전 국토를 대지화(垈地化)로 발전 해 가고 있다는 것을 감안하면 엿기 연천군 만큼 위대한 가능성(可能性)을 가진 지역도 쉽게 찾기 어려울 것이다.

봉우리 봉우리 솟아 있는 산봉우리마다 고귀한 역사(歷史)의 이야기들을 간직하고 있고, 계곡(溪谷)을 타고 흐르는 샛강마다 우리의 비밀을 속삭이면서 흘러간다. 연천이 있어 대한민국이 있고, 세계를 향해서 가는 꿈이 도사리고 있다.

연천의 사람들은 기다리며 산다. 통일의 날을 기다리며, 동포들의 만남을 기다리며, 세계의 사람들이 몰려올 것을 기다리며, 넓은 가슴을 활짝 펴고 그들을 맞이할 날이 올 때까지 기다리며 산다. 말없이 살아간다. 우리나라는 지정학적으로 볼 때에 반도(半島)로 되어 있어서 성격이 조급하고 옹졸할 때가 없지 않다는 것이 약점이라고 할 것이다.

그러나 연천 사람들의 마음은 한없이 넓고 여유롭다는 것이 특별하다. 그것은 기다리는 마음의 여유라고 할까? 아니면 희망(希望)에 부풀어서 산다는 미래의 약속을 믿기 때문이라고 할까? 그래서 연천사람들은 오히려 대륙인(大陸人)들의 기질을 가지고 있어서, 누구를 만나도 여유롭고 당당함을 알 수가 있다. 연천 사람들의 입술은 무겁다. 입술이 두꺼워서가 아니라 희망의 비밀을 지키기 위함이다. 다가 올 미래의 희망이 새어날까 하여 입을 굳게 다물고 말없이 살아간다.

6. 기후(氣候)를 통해서 보는 연천

연천은 우리나라의 한대지방(寒帶地方)에 속한다고 할 것이나, 지형의 구조와 위치가 고냉지대(高冷地帶)로 분류하는 것이 더 옳을 것이다. 군(郡) 전체가 해발 440m 평균 높이의 산악지대(山岳地帶)로 되어 있어서 다른 지역에 비하여 지대가 높은 대다, 또한 그 지역에 따른 기후상의 영향을 배제할 수 없기 때문이라고 할 것이다.

그런데도 연천의 기후는 평온의 연속으로서 연천 사람들의 마음과 함께 도도하면서도 여유롭다. 해변과는 달리 일상의 기후가 잔잔하고 여유로워서 사람들의 마음도 조급하지 않고 기다림의 습관이 잘 길들여져 있다. 연천의 연

(年) 평균 강수량(降水量)은 1,500mm 나 되어 비가 많이 와서, 우리나라 평균치의 강수량에 비하여 약간 비가 많이 내리는 곳으로, 빗물이 남아도는 정도의 좋은 지역이다. 그 빗물의 대부분은 계곡을 타고 흘러내려서 멀리 함경남도에서 발원하여 금수강산의 심장부를 꿰뚫고 흐르는 한탄강이 되고 임진강 물이 되어 바다로 흘러내리지만, 또한 많은 양의 빗물이 산악지대의 땅 속으로 숨어들어서 비옥한 옥토(沃土)의 땅을 일군다.

연천 지방은 여름이 짧아서 10월 24일경에 첫서리가 내리고, 10월 28일경에는 첫 얼음이 얼고, 11월 23일경에는 첫눈이 내린다. 물론 이것은 평균치의 기준일 뿐 변화가 없는 것은 아니다. 겨울철의 평균 기온(氣溫)은 섭씨 영하 6-9도로서, 서울의 평균 기온보다는 약 섭씨 3도 정도나 낮다. 그런데도 포근함을 유지하여 사람들이 살기에 아주 좋은 곳으로 인정된다. 이른 아침에는 차거운 공기에 몸을 움츠리지만 해만 뜨면 산악 속의 포근

함을 느끼면서 얼었던 몸이 녹아내리는 것을 느낄 수 있다. 그래서 기후상으로도 살기 좋은 곳이라고 말할 수 있다. 이러한 기후의 조건에 따라서 곡식들이 빨리 자라서 더 빨리 수확(收穫)을 해야 하는 곳이지만, 일조량(日照量)은 약간 부족할 찌라도, 고냉지대(高冷地帶)라는 특수성 때문에 곡물의 질(質)은 훨씬 더 뛰어난다. 특히 인삼을 비롯하여 고추 같은 것을 비롯하여 거의 대부분의 곡식들이 전국 어느 지역에서 난 것들그 질(質)보다도 훨씬 더 뛰어난다.

그런데 연천군의 깊은 산중 중면 횡사리에 "태풍 전망대"가 세워져 있다. 이는 우리나라의 기상관측(氣象觀測)을 위해서 세워진 태풍 전망대인데, 그것이 하필이면 군사 분계선 지역인 우리 연천군에 세워졌다는 말이다. 그것은 우리나라의 가장 중심부에 태풍 전망대를 세워놓고 기상관측을 하므로, 온 국민들의 생활정보로 삼자는 것이 아니겠는가?

또한 군사 작전상 기상관측의 중요한 자료들을 제공해 주므로 명실상부 천혜의 요충지역임을 자랑하고 있다. 여기에서 철조망 넘어로 바라보는 북녘 동포들의 처절한 모습은 날이 더 할수록 통일의 열망을 불태우게 해 준다. 이는 곧 연천이 우리나라의 중심부라는 말이다. 자연도 연천을 중심으로 하고 우리나라 대한민국의 국토를 세우게 했다는 뜻이 아니겠는가?

7. UN 참전 미국군의 영들을 추모(追慕)한다

중면 산악지대의 철조망 남쪽 '폭풍 전망대'앞에 들어서면 우선 먼저 'U N 美國軍 戰死者 36,940位 忠魂碑)'가 발길을 멈춰 서게 한다. 그리고 자신도 모르게 숙연히 머리를 숙이게 한다. 누구에게나 소중한 목숨들이었는데, 왜 미국의 젊은이들이 멀리 우리나라 한국에까지 와서 천하를 주고도 바꿀 수 없는 소중한 목숨을 잃고, 자기의 고국(故國)에서 애타게 기다리는 부모(父母)님의 품안으로 돌아가지도 못하고 여기 우리나라 한국 땅에 와서 처절하게 전사자(戰死者)로 죽어갔어야 하는가 하는 마음이 가슴을 내리친다.

1951년 6월 25일 새벽 4시, 북한의 김일성(金日成)이 이끄는 괴뢰군이 소련제 탱크로 무장하여 남침(南侵) 해 왔던 한국전쟁 때문에, U N 가맹국(加盟國) 16개의 나라 군인들이 명목상으로는 U N 군으로 참전을 하기는 했지만, 그토록 많은 숫자의 전사자로 죽음의 희생을 당하게 되었으니 너무도 안타깝다는 생각이 가슴을 매운다. 물론 미국군만이 아니라, 참전국의 모든 젊은이들이 우리 땅 대한민국을 위해서 싸우다가 죽었다.

물론 전 세계 인류의 자유와 평화를 수호하고, 정의를 위해서 싸웠다고는 하지만 그들 젊은이들의 죽음이 너무도 안타깝다는 말이다.

여기 삼천리반도 금수강산 우리나라 대한민국에 와서 쓸쓸하게 적탄에 맞아서 쓰러져 죽어갔다면 백번이고 천번이고 생각을 되풀이 해도 억울하고 안타까운 충정뿐이다. 미국군만 해도 36,940명이라고 한다면 너무도 많은 숫자의 생명들이 전사(戰死)자로 죽어갔다는 말이다. 미국군 외에도 참전국의 수많은 젊은이들이 여기 우리 땅에서 죽어갔고, 또, 우리나라 젊은이들이 수백만명이나 죽어갔었다면 너무도 가슴 아픈 일이라고 아니 할 수 없다는 말이다. 그래서 더 이상 우리 땅에서 전쟁을 해서는 안 된다는 말이다. 더구나 동족상잔의 전쟁이 일어나서는 안 된다는 말이다. 남북통일이라는 이름으로 전쟁을 일으켜서는 안 된다는 말이다. 더구나 남북한 우리 동포들끼리 더 이상 피를 흘리고 목숨을 앗아가는 전쟁을 해서는 안 된다는 말이다. 비록 UN군 이라는 명목으로 오기는 했지만, 한 두삼도 아닌 36,940명이라고 하는 너무도 많은 젊은이들이 죽어갔다는 돌비(碑)가 세워져 있으니 가슴속의 울분을 참을 수가 없다는 말이다.

우리는 반드시 남북한의 통일을 해야 한다. 꿈에도 소원인 통일은 이루어져야 한다. 이는 핵무기 원자폭탄으로 해결할 일이 아니고, 남북한의 우리 동포들이 한 자리에 모여서 오순도순 말로서 풀어가야 하고, 다른 나라 남의 힘에 맞기지 말고 우리의 힘으로 통일을 성취해야 한다. 더 이상 세계의 강대국들에게 속아 넘어가지 말고 우리끼리 오순도순 우리의 소원 통일을 이룩하자는 말이다.

연천 군민의 헌장을 따라서

1. 옛 것을 익히고, 새 것을 받아들여 내 고장을 이상향(理想 鄕)으로 만든다.

2. 내 고장의 고적(古蹟)과 자연(自然)을 아끼고 보살펴, 향토애(鄕土愛)를

 북돋는다.

3. 법(法)과 질서(秩序)와 공중도덕(公衆道德)을 지켜 서로 믿 고 사는 사회(社會)를 이룬다.

4. 시간을 아껴 부지런히 일하며, 검소(儉素)하고 알뜰하게 살 아간다.

5. 착한 말씨, 고운 말씨, 바른 몸가짐으로 예절(禮節) 바른 사 람이 된다.

6. 어른을 섬기고, 어린이를 사랑으로 이끌며, 누구에게
나 친절 (親切)한다.

7. 가정(家庭)에 충실하고, 사회봉사(社會奉仕)에 힘쓰는
쓸모 있는 군민(郡民)이 된다.

　연천군민의 헌장(憲章)은 평소에 지닌 우리 연천 군민(郡民)의 마음
씨와도 같아서 참으로 친근감이 간다. 서울이나, 남쪽에서 사는 사람들
의 생각에는 연천군이 군인들로 가득찬 전선(戰線)이어서 모든 것이 딱
딱하고 살벌(殺伐)하여 긴장의 연속이라고 오해할 수 있을 것이다.

　그러나 군민의 헌장을 보노라면 자연히 가장 평화스럽고 민주시민
(民主市民)이 얽혀서 살아가는 모범적인 지역이라는 것을 알게 될 것이
다. 그리하여 연천 군민은 물론 우리나라 전 국민들이 연천의 군민헌장
(郡民憲章)을 한번쯤 열람 해 보고, 지켜주시라는 말을 하고 싶다. 군
민헌장의 전문이라야 겨우 일곱 가지에 불과하다.

　그러나 이 헌장이 지니고 있는 내용들을 살펴보면, 연천군민 만이 아
니라, 우리나라 전체의 사람들이 이를 실천하고 지켜야 하며, 더 나아
가서는 세계의 사람들이 지켜야 할 것이라는 말을 하고 싶다. 인륜(人
倫)이 땅에 떨어지고, .민주시민으로서의 기본질서마저 흐려져 버린 이
때에 연천군민헌장이 지닌 뜻은 참으로 아름다운 대한민국 국민 된 자

의 정도(正道)를 제시 해 주고 있다.

연천군민의 헌장에는 정치적인 용어도 없고, 끼리끼리 때 갈림의 정파 같은 정치패들의 소리도 없다. 오직 사람으로서 당연히 지켜야 할 도례(道禮)를 말하고 있고, 사람됨의 가치관을 설명해 주고 있고, 남녀노소 없이 당연히 지켜야 할 사람으로서의 길을 바로 제시 해주고 있다.

사람들이 연천 사람들을 싸우지 않는 전쟁터에서 숨을 죽이고 살아가는 것 같을지 모르나, 실상은 너무도 당당하게 사람의 도례를 다 하면서 살아간다는 것을 연천 군민의 헌장이 소리 없이 웅변해 주고 있다. 돈과, 사치와, 정치 권세의 노름의 틀에서 벗어나지 못하고 사람됨의 참 가치를 잃고 스스로 속아서 살아가는 우리 동포들에게 이것이 사람으로서 당연히 지켜야 할 사람의 질서요 길이라는 것을 군민헌장으로 말씀 해 주고 있다. 들을 귀 있는 자들은 들을 지어다.

이제 본문대로 간단히 한 번 더 살펴보기로 한다.

1. 옛것을 익히고, 새것을 받아들여 고장을 이상향 (理想鄕)으로 만든다

연천은 거의 모든 군(郡) 전체가 산악지대(山岳地帶)로 뒤얽혀 있다. 거기에다 땅의 9할 정도가 군사보호지역(軍事保護地域)으로서, 군인들의 작전 행위가 시행되는 지역이다. 그런데도 연천은 참으로 평화스럽고 자유롭게 행복을 누리면서 모범적으로 얽혀서 살아가는 자랑스러운 자치(自治)군이다.

개발과 건설의 기계소리가 멈추지 않고, 계곡(溪谷)의 땅 한 평이라도 옥토(沃土)로 일구기 위해서 군민들은 참으로 부지런히 일하면서 살아가고 있다. 한국전쟁 때에 입은 상처의 흔적이 아직도 곳곳에 남아 있어서 그 날의 아픔을 지금도 슬퍼하고 있으나, 그런데도 풍속의 옛것을 보존하고 간직하여 이상향(理想鄕)을 만들기 위해서 열심히 노력하고 있다. 아무리 세상이 현대화(現代化)로 바뀌고, 서구문명이 판을 친다고 할지라도 연천의 사람들은 동방예의지국(東方禮義之國)으로서의 유풍양속(遺風良俗)의 아름다운 옛 풍속을 사랑하고 지켜나간다.

옛것을 익혀서 민족혼(民族魂)을 일깨우고, 새것을 받아들여서 세계의 사람들과 어깨를 겨누고 살아가는 연천 사람들은 참으로 행복하다.

그러므로 연천은 법(法) 이전에, 스스로의 사람됨을 지키며, 평화스럽고 행복한 고향을 만들어 가고 있다.

연천 군민은 새로운 국제문물(國際文物)을 받아들이는데 게을리 하지 않는다. 무분별하게 따라가는 것이 아니라, 신중하게 가려서 버릴 것과 받아들일 것을 알고, 새로운 것의 개발을 위해서도 온갖 정성을 다 쏟고 있다. 바로 그렇게 하는 것이 연천 군민의 이상향(理想鄉)을 만들어 나가는 현 주소라고 하겠다.

과거(過去)와, 현재(現在)와, 미래(未來)를 함께 꾸며가는 연천 군민의 눈동자는 살아서 빛나고, 가슴은 희망에 부풀어 있고, 누구에게나 행복한 꿈이 서려있다. 연천이 있어서 대한민국의 미래가 있다는 자부심으로 살아간다.

2. 내 고장의 고적(古蹟)과 자연을 아끼고 보살펴 향 토애(鄕土愛)를 북돋는다.

연천의 산간(山間)에는 역사의 고적(古蹟)들이 많이 감추어져 있다. 선사시대(先史時代)의 유물과 함께 역사적인 고적의 흔적들이 가는 곳마다 숨겨져 있다. 그리고 대자연(大自然)의 아름다움과 청정 맑은 물과 산천은 세계 사람들의 입 침을 흘릴 정도라고 해야 할 것이다.

연천에는 세계적인 구석기시대(舊石器時代)의 유물들이 많이 묻혀져 있고, 우리 역사의 이야기들과 함께 그 자취들이 수없이 깔려져 있다. 그래서 연천사람들이 말하는 향토애(鄕土愛)는 옛 것을 찾아서 소중하게 간직하고, 하늘이 주신 대자연의 풍치(風致)와 모습(模襲)을 그대로 간직하면서 더 아름답고 유효하게 개발해 나간다.

연천은 군사적인 보호시설이 거의 80%를 간직하고 있는 곳이다. 그런데도 군사들은 어느 하나도 우리의 고적(古蹟)을 손상하지 않았고, 오히려 더 소중하게 간직하여 우리민족의 우수성을 세계의 자랑으로 삼기 위해서 앞장서고 있다. 향토애(鄕土愛)란 자기의 고향을 지킴이라고 할 것이다. 그리하여 우리 연천 군민만이 아니라, 자기의 복무기간이 끝나면 자리를 옮겨 갈 군인들까지 나서서 연천을 지키고 가꾸는 것으로 향토애를 삼고 있다.

그리고 농부(農夫)들은 농사(農事)를 하되, 계곡(溪谷)의 산간을 일구어서 옥토로 만들고 있으나, 자연에 손상됨이 없도록 한 치의 땅까지도 아주 소중하게 다룬다. 한 치의 땅이나, 한 방울의 물은 물론, 풀포기 하나까지도 함부로 대하지 않고, 천부적으로 타고 난 그들의 본질을 지켜나갈 수 있도록 보살펴 준다. 아마도 이렇게 하는 것은 우리 민족의 소원인 통일이 이루어지는 날, 북녘 동포들에게 보여주고, 함께 개발을 해 나아가기 위해서 지금은 더 소중하게 간직하여 옛 모습을 그대로 보여주고 싶어서 라고 해야 할 것이다.

3. 법(法)과 질서(秩序)와 공중도덕(公衆道德)을 지켜 서로 믿고 사는 사회를 이룬다.

분명히 우리나라는 민주공화국(民主共和國)이다. 민주주의(民主主義)의 꽃은 법(法)이고, 민주시민(民主市民)의 자격여건은 기초질서(基礎秩序)를 지키는 민주시민(民主市民)의 의식(意識)에서 시작된다.

지금 우리 사회의 부패상(腐敗狀)은 경제(經濟)라는 이유로 가장 어려운 위기(危機)에 와 있지나 않는가 하여 염려스럽다. 그러나 우리 연천 군민은 법(法)과 질서(秩序)와 공중도덕(公衆道德)까지 스스로 지켜서 서로 믿고 살아가는 신뢰(信賴)의 사회만이 아니라, 명랑한 민주시민 의식의 귀감(龜鑑)임을 자부한다.

진정한 민주주의는 정치논리에서 설명되는 것이 아니라 민주시민의 의식과 기초질서에서 시작된다. 그러므로 진정한 민주주의란 정치논리 이 전에 시민의 생활에서 드러나게 되는 것이다. 연천 사람들은 부디 민주주의라는 말 이 전에 스스로 공중도덕과 질서를 지켜나가므로 상호간의 신뢰와 협력을 바탕으로 하고 살아간다. 그래서 진정한 민주시민으로서의 정도(正道)를 삶의 방편으로 하고 있다는 말이다.

더불어 살아가는 사회의 질서는 법 이 전에 스스로가 알아서 행하는 공중도덕(公衆道德)의 질서에 있다. 법(法)이란 최소치(最小値)의 기준에 지나지 않는다. 함께 더불어 살아가는 사회를 위해서 하나의 기준으로 세워 진 것이 곧 법이다. 민주주의 사회는 자유(自由)를 전제로 한다. 그러나 그 자유가 개인주의(個人主義)로 나가서는 안 된다. 공유(共有)의 원칙에서 벗어난 것은 참 자유가 아니라 방종이고, 하나의 공해(公害)가 될 뿐이다. 나 하기 좋다하여 하는 것이 자유가 아니라, 더불어서 함께 좋아해야 하는 것이 참자유요, 민주시민의 질서(秩序)다.

서로 이해하고, 양보하고, 겸양(謙讓)의 미덕으로 서로가 서로를 배려하는 마음으로 살아간다. 연천 사람들은 법 때문에 지키고 행하는 것이 아니라, 스스로 알아서 법(法) 이 전에 행하는 명랑하고 아름다운 사회의 주인들이다.

동방예의지국(東方禮義之國)의 미풍양속이 아직도 가슴 속에서 숨쉬고, 손발이 움직이고 있다. 연천 사람들의 가슴에는 스스로의 다짐과 자부심이 지배하고 있다. 그것은 어느 누구의 명령이나 지시가 없어도 스스로 알아서 더불어 살아가는 사회를 이상으로 서로가 서로를 도와가면서 살아간다.

그리하여 연천 사람들은, 연천이 있어서 미래의 대한민국이 있다는 자부심 속에 통일 조국을 그리면서 살아가고 있다.

현재 우리나라의 위상은 세계의 선진대열(先進隊列)에 끼어 든 것이 아니라, 앞장서서 전 세계를 이끌어 가고 있다고 해야 할 것이다. 그런데도 민주시민(民主市民)의 의식은 너무도 까마득하다. 그러나 우리 연천 사람들은 스스로가 민주 시민의 의식을 그대로 지키면서 살아가고 있다. 그 다음에는 당연히 전 세계를 이끌어갈 것이라는 기대와 꿈을 가지고 날마다 비지땀을 흘리면서 이것들을 만들어 가면서 산다.

4. 시간을 아껴 부지런히 일하며 검소(儉素)하고 알뜰하게 살아간다.

사람이 성공(成功)으로 가기 위해서는 자기와의 싸움에서 이겨야 하고, 다음에는 시간과의 싸움에서 이겨야 한다. 사람이 시간을 아껴 쓴다는 것은 자기를 성공으로 이끄는 비결이요 방법이다.

한 번 흘러가면 다시 돌아오지 않는 그 시간의 소중함을 모르고서는 성공에 이를 수 없다. 시간은 모든 사람에게 아주 공평하게 기회를 준다. 그 기회를 붙드는 사람은 성공 할 것이나, 그 기회를 놓치면 성공할 수 없다. 시간을 아끼는 사람은 모든 것을 스스로 알아서 절제할 수 있고, 자기를 부지런한 사람으로 만든다.

또한 사치(奢侈)는 방탕으로 가는 수단이요 방법이다. 그러나 검소(儉素)하다는 것은 자기관리를 잘 하고 있다는 증표라고 할 것이다. 외모(外貌)의 꾸밈이 아닌 내면(內面)의 자아(自我)를 가꾸고 꾸미기 위해서 행하는 검소는 자기를 건강하게 하고, 아름답게 하고, 모든 사람들의 마음을 흐뭇하게 해 주고, 나아가서는 자기 희망의 꿈을 부풀어 오르게 해 준다.

검소한 사람만이 느끼는 자족감(自足感)은 언제나 자기를 행복으로 이끈다. 자기 마음의 여유는 검소함에서 온다. 검소한 사람이 알뜰하게 살아 갈 수 있고 참 행복을 누릴 수 있다. 사람들이 찾는 행복은 어느 누구가 가져다주는 것이 아니라, 자기가 만들어 가는 것이다.

연천 사람들은 먼저 시간을 아껴 쓸 줄을 안다. 그리고 항상 부지런히 살아가고 있다. 언제나 검소(儉素)한 차림으로 마음의 여유를 갖는다. 그러므로 삶 자체가 항상 여유롭고 알뜰하다. 누구에게 보이기 위한 것이 아니라, 자기 스스로가 누리기 위해서 시간을 아껴 쓰고, 스스로의 행복을 만들어 나가기 위해서 검소하고 알뜰한 삶을 한다. 우리나라 국민들이 갑자기 경제적인 부(富)를 누리게 되면서 사치벽(奢侈癖)이 좀 지나치지 않는가하는 문제다. 없을 때에 발버둥을 치는 것보다는 있을 때에 전략하고 검소하게 살아서 항상 마음의 여유를 누릴 수 있어야 한다.

연천 사람들은 가난의 시련도 겪어 보았고, 전쟁의 아픔도 당해 보았다. 그래서 시간을 아껴서 쓸 줄도 알고, 부지런할 줄도 알고, 검소한 생활로 절약을 할 줄도 아는 자랑스러운 군민이다. 해가 뜨기도 전에 일어나서, 들판에 뿌려진 디엄 냄새를 향기 삼아 일손을 움직이기 시작하면 해거 져서 어둠이 깔릴 때까지 쉴 새 없이 비지땀을 흘리면서 일을 하는 뜻은 단순히 잘 살기 위해서만은 아닐 것이다.

그렇게 하는 것이 나의 인생이요, 통일 조국을 위하는 길이라는 참 뜻을 가슴속에 지울 수 없어서 그렇게 부지런히 살아간다. 세상의 온갖 풍상을 다 겪어 보았기 때문에 후대의 자손들에게만은 그렇지 안 해야 한다고 행복을 만들어가고 있다.

5. 착한 말씨, 고운 말씨, 바른 몸가짐으로 예절(禮節) 바른 사람이 된다

짐승은 길들임에 따라서 본능적(本能的)인 행동 이상은 할 수 없다. 그러나 사람은 누구나 먼저 예의범절(禮儀凡節)부터 가려서 지킬 줄을 안다. 그것은 사람만의 이성(理性)이 있고, 그 이성의 명령에 따라서 스스로 가려서 움직이는 양심(良心)이 있기 때문이라고 할 것이다.

사람의 예의는 먼저 그의 말씨로부터 시작 된다. 착한 말이란 듣는 사람에게 부담스럽지 않은 부드러운 말씨로서 언제나 상대로 하여금 친근감(親近感)을 가지게 한다. 또한 고운 말씨란 겸손한 말씨를 뜻함이라고 해도 될 것이다. 듣기조차 거북스러운 말이 아니라, 언제나 상냥하고 듣기에 부드러운 말과, 마음에 상처(傷處)를 주지 않는 아름다운 말씨로서 상대로 하여금 위로(慰勞)가 되는 말이어야 한다.

바른 몸가짐이란, 누구에게나 호감(好感)을 주는 태도라고 할 것이다. 한 번 더 만나고 싶은 사람, 한번이라도 사교해 보고 싶은 사람, 무엇인가를 배울 수 있도록 해 주는 사람이 예절 바른 사람이라고 할 것이다.

그러나 그 예절이란 나이 어린 사람이 더 나이가 많은 연상(年上)의 사란에 대한 태도로서 그의 사람됨에 대한 것을 알게 하는 말이다. 그 러면서 위아래를 가리지 않고 좀 더 부드럽고 친근감이 있는 말과 행동 을 합쳐서 예절(禮節)이라고 표해 본다. 예절의 성격은 사람으로서의 도례(道禮)인 동시에 또한 공동체사회의 조화(調和)라고도 할 것이다.

이는 모두가 법 이전에 대한 것으로서 어떠한 법으로도 제재(制裁) 활 수 없는 것이다. 악담(惡談)이나 거친 말은 사람의 마음을 상하게 한 다. 그러나 부드럽고 겸손한 말은 상대의 마음을 이끌게 한다. 값 비싼 것을 남에게 나누어 줄 수는 없어도 가벼운 미소(微笑)는 누구에게나 줄 수 있다. 긴장하거나 흥분 된 말투는 상대의 마음을 상하게 한다. 환 하고 밝은 미소에 가벼운 칭찬으로 듣기 좋은 말을 하면 상대의 마음은 자연히 열린다. 그리고 내게로 다가온다.

예절에는 위아래가 있고, 남녀가 구분되고, 노소(老少)가 있다. 남이 지켜주는 예의가 아니라, 내가 먼저 서둘러서 베푸는 예의범절(禮儀凡 節)은 연천 군민의 자랑이요, 삶의 방식이다. 예의범절을 지켜서 교양 (敎養)을 쌓고, 착한 말, 고운 말씨로 통일 조국의 미래를 쌓아가는 연 천 군민의 가슴은 말없이 뜨겁다. 예의범절을 바로 지킨다는 것은 법이 없어도 살수 있다는 말과도 같다.

연천 사람들은 강제규정의 법에 의해서 지배(支配)되거나 통치(統治)

를 받는 사람들이 아니라, 법이 없어도 스스로의 예의범절을 지키면서 살아가는 사람들이다. 누구의 간섭이나 명령이 없어도 스스로 알아서 예의범절을 지키면서 살아간다. 이런 사람들이 모여서 연천군을 이루어서 오순도순 살아가는 쌀기 좋은 고장 자랑스러운 삶의 안식처(安息處)라는 말이다. 그 사람의 인격 됨은 그의 입에서 나오는 말에 있다. 연천 사람들의 말은 언제 어디서 누구에게나 부드럽고, 친절하고, 공손하여 다정다감(多情多感)을 자랑 할 수 있다. 그것은 예의범절이 바르기 때문이다.

연천 사람들은 다른 사람에게 이맛살을 찌푸리게 하는 말이나 귀에 거슬리는 말을 쓰지 않는다. 그래서 연천은 대한민국의 별천지(別天地)라는 말을 스스로 붙이고 싶다. 이것이 바로 우리 조국 대한민국의 미래를 만들어가는 연천이라는 곳을 알게 해 준다. 3,8선을 발로 짓밟아 버리고, 통일 속에 살아가는 연천 군민들은 어느 것 하나 빠짐이 없이 조국의 미래를 만들어가고 있다는 자부심(自負心) 속에 살아간다.

6. 어른을 섬기고, 어린이를 사랑으로 이끌며, 누구에 게나 친절(親切)한다.

지금은 국제화(國際化)의 시대(時代)다. 국제화의 시대란, 전 세계의 사람들이 한 가족처럼 서로가 서로를 도와 가면서 함께 살아가는 세상이라는 말이다.

그러나 국제화 시대를 살아가는 사람들을 통제(統制) 하기 위한 하나의 법(法)은 없다. 각각 자기 나라의 법이 있을 뿐이다. 그러므로 국제여행을 하는 사람은 어느 나라에 가든지 그 나라의 법과 질서와 또, 그 국민의 풍속만 따르면 된다. 그런데 법보다도 더 중요한 것은 먼저 사람됨의 윤리(倫理)를 지켜야 한다. 그 윤리의 첫째가 사람이면 누구나 어른을 섬기고, 어린이를 사랑해야 한다는 것이다. 젊은 사람이 어른을 존경하고 섬긴다는 것은 하나의 질서요 윤리의 기준이다. 여기에는 학문의 차별이 있을 수 없고, 계급의 높고 낮음이 없다. 인생의 경륜을 중심으로 젊은 사람은 나이가 더 많은 사람을 존경하고 순복해야 한다.

그런데 지금 우리 사회에 남녀노소(男女老少)의 질서가 거의 무너져버렸다. 돈만 있으면 된다는 것이다. 옛날에 비하여 먹고 살기가 좋아졌으니 다 괜찮다는 말이다. 아주 못 된 중앙정부 교육기관의 어떤 중견간부가 취중(醉中)에 하는 말이, "우리 국민의 99%는 개, 돼지 같아서 먹을 것만 주면 된다. 나는 그 가운데서 1%의 사람이 되기 위해서 노력한다"라고 했다는 뉴스가 온 국민의 마음을 흔들어 버렸다. 그리고 정부의 관리들을 믿을 수 없게 만들어 버렸다. 아무리 취중(醉中)에 했든 말이었다고 변명을 하지만, 그 사람은 관리가 아니라 한 인간으로서도 이미 스스로의 가치가 없다는 것을 자증했다.

그런데도 우리 정부에서는 그에 대하여 '취중에 한 말'이라고 하여 지나칠 만큼 관용을 베풀고 있다. 이것이 될 법이나 하는 말인가? 술김에 하는 말은 평소의 소신(所信)을 털어놓는다는데 뜻이 있다. 취중에 한 말이라고 하여 그대로 넘겨버린다면 누가 우리의 정부를 믿겠는가?

개도 소불적대(少不敵對)한다고 하여 어린 개는 늙은 개와 싸우지 않는다는 말이 있다. 개만도 못한 사람이 중앙 정부의 높은 자리에 앉아서 국민의 혈세(血稅)를 받아먹고 살면서 우리 국민을 개나 돼지로 취급을 했다면, 공무원으로서의 자질은 고사하고, 한 인간으로서의 가치조차도 없다는 말이 된다.

더구나 중앙 정부의 교육부에 몸을 담고 있는 사람이라면 처벌에 대한 것이 문제가 아니라, 그의 인간됨에 대한 가치(價値)에 있다는 것을 알아야 한다. 연천 군민들은 누구의 명령이나 강요가 없어도 스스로 노인을 존경하고, 어린이를 사랑하여 누구에게나 친절을 베푸는 군민 된 것을 자랑한다.

　맹자(孟子)는 말하기를, "나의 부모(父母)를 존경하는 마음으로 다른 노인들도 존경하고, 내 자식(子息)을 사랑하는 것처럼 남의 아이들도 사랑하면 가히 천하를 손바닥 움직이듯이 하리라"(老吾老 以及 人之老, 幼吾幼 以及 人之幼 天下 可運掌)라고 하였다. 어른을 존경하고 어린 아이들을 사랑한다는 것은 인간들이 지켜나가야 할 당연한 윤리(倫理)요 사람됨의 가치(價値)의 도례(道禮)이다. 사람이 사람으로서의 윤리적인 도례를 다 한다면 어떠한 법으로도 이를 규제할 수 없다.

　지금 우리나라에는 무려 1,400가지가 넘는 법을 가지고 있다. 그런데도 아직까지 법적으로 미흡(未洽)한 것들이 많이 있어서 지금 우리 국회에 계류된 크고 작은 법들이 몇 백이나 되며, 앞으로 만들어질 법령(法令)들이 얼마나 많이 쏟아져 나오게 될지에 대해서는 아무도 모른다. 그러나 분명한 한 가지는 연천의 사람들처럼 어른을 섬기는 일에 충실하고, 어린이들을 진심으로 사랑하기만 한다면 더 많은 법들이 꼭 있어야 할 이유가 없을 것이다. 좀 비관적인 의미에서 말한다면, 법이 많다는 것은 그만큼 그 사회가 복잡하고 어렵다는 것을 말함이다. 아무리 돈도 좋고, 현대화의 과학문명의 혜택을 누리고 산다고 할지라도 그것들이 우리 인간에게 참 행복을 가져다주지는 못한다는 것을 알아야 한다.

연천 사람들은 다른 것은 몰라도 법이 있기 이 전에 노인들을 존경하고, 어린이를 사랑해야 한다는 것만은 확실히 알고 있다. 바로 이것이 연천의 자랑이요, 사람됨의 가치다.

7. 가정(家庭)에 충실하고, 사회봉사(社會奉仕)에 힘 쓰는 쓸모 있는 군민이 된다.

가정(家庭)이나 사회(社會)는 더불어 살아가는 사람들의 기초구성(基礎構成)의 원인이 된다. 즉, 한 사람이라는 개체(個體)가 아니라, 일남일녀(一男一女)가 합해서 가정(家庭)을 이루고, 이들 여러 사람들이 모여서 더불어 살아가는 공동체사회(共同體社會)를 이룬다. 그러므로 가정의 잘됨과 행복은 곧 명랑(明朗)한 사회, 살기 좋은 사회를 만들 수 있다. 공자(孔子)님도 말씀하시기를, "자기 자신의 몸을 닦은 다음 가정을 바로 일구고, 그 다음에 나라를 다스려 세상을 평정해야 한다 (修身齊家治國平天下)"라고 하셨다.

가정에 충실한 남녀가 모인 연천 군민들은 언제 어디에서 살든지, 누구에게나 쓸모 있고 자랑스러운 사람 된 것을 자부한다. 세상에 한 인간으로 태어났다가 누구에게나 쓸모 있는 사람은 하늘 아래 어느 세계에 가든지 유용(有用)한 사람이요, 누구에게나 인정을 받고 존경을 받을 수 있다. 그러한 사람에게는 부귀영화(富貴榮華)가 따라오게 되어 있다. 강제규정의 명령(命令)이나 법(法)이 있어서가 아니라, 스스로의 인간 된 도례를 다하여 자기 개인으로부터 시작하여, 가정에서나 사회에서 당당한 사람 된 것을 자랑한다.

　연천 군민이 자랑스러운 것은 먼저는 가정에 충실하여 명랑한 사회의 기초를 이루고, 그들이 얽혀서 사회봉사에 임하므로 살기 좋은 고장을 일구어 간다. 오랜 역사가 잠들어 있는 고토(古土)의 땅에, 천부적으로 아름다운 대자연을 너울삼고, 착하고 부지런하여 조국의 미래를 설계하면서, 사람됨의 질서가 피부에 박혀있는 연천은 통일조국의 앞날을 보장하고 있다.

세계의 관광명소(觀光名所)
연천

어느 정도 세계를 돌아 본 사람이라면 누구나 알 수 있는 이야기다. 우리나라는 관광입지국(觀光立地國)이라는 것을 모르는 사람은 없을 것이다. 즉, 우리나라 전체가 세계적인 관광의 명소(名所)들이라는 말이다.

백두대간을 타고 굼틀거리는 국토(國土)와 함께, 계곡(溪谷)을 타고 흐르는 강(江)물줄기의 경치가 아름다워서 관광국이고, 온 나라의 땅덩어리를 뒤덮고 있는 산(山)과 산(山)들이 풍겨주는 자연의 풍치(風致)가 아름다워서 관광국이고, 청정한 공기와 물이 맑아서 관광국이고, 이 땅에 사는 사람들의 모습과 마음씨가 고와서 관광국이고, 이 땅에서 나는 먹거리가 좋아서 관광국이다. 그 가운데서도 연천은 우리나라의 중심부에 자리하여, 남과 북의 인심(人心)이 조화(調和)를 이루고 있어서 관광국 중에도 관광의 명소다.

우리가 반드시 알아야 할 것은 인간성(人間性)이 바로 서지 못하면 관광국(觀光國)이 될 수 없다. 아무리 자연의 경치가 아름답고 좋다고 할지라도 거기에 살고 있는 사람들의 인심이 나쁘면 결코 광관국의 조건을 갖추었다고 할 수 없다. 연천은 그러한 조건들을 두루 갖추고 있음을 자랑하는 관광의 명소다. 눈으로 보아서 관광명소는 진짜 관광의 명소가 아니다. 참 관광의 명소는 자연의 아름다움을 통해서 마음의 기쁨과 행복감을 준다. 자기의 모습을 통해서 누구에게나 아름다움과 함께 평화의 마음을 심어주고, 행복감을 심어서 심신(心身)의 위로만이 아니라 건강까지를 챙겨주어야 한다.

남토북수의 땅 연천은 보는 사람들에게 아름다움을 주고, 부드럽고 화평한 마음을 심어주고, 건강을 챙겨주고, 행복한 마음을 가지게 해준다. 그리하여 연천은 남북한의 우리 동포들에게와, 세계의 모든 사람들에게 자신있게 심신의 건강과 행복을 나누어주는 축복의 땅이다. 여기에서 참 관광의 명소임을 자랑한다.

눈앞에 펼쳐져 있는 대자연의 풍치와, 숨을 쉬는 공기와, 마시는 물과 함께, 먹거리의 모든 것들이 자신 있게 세계의 사람들이 찾아들게 하는 곳이다. 관광도 국가경제(國家經濟)의 수입원(收入源)이 된다는 것을 알아야 한다. 그래서 연천은 천혜의 조건이 관광명소로 알려져 있다. 여기에 조금만 더 머리를 써서 연구하고 노력하여 개발을 해 나간다면 반드시 연천은 풍요(豊饒)로운 고장이 될 것을 자부한다.

1. 삼천리반도 금수강산 노래와 함께 산다

우리의 애국가(愛國歌)는 그 가사와 곡이 전 세계의 자랑임을 자부한다. 확실한 작사자(作詞者)는 알 수가 없다. 그러나 작곡은 세계적인 작곡가(作曲家) 안익태(安益泰) 선생이라는 것을 다 알고 있을 것이다.

(1) 동해물과 백두산이 마르고 닳도록

 하나님이 보우하사 우리나라 만세

후렴무궁화 삼천리 화려강산

대한사람 대한으로 길이 보전하세

(2)남산 위에 저 소나무 철갑을 두른 듯

바람 이슬 불변함은 우리 기상일세

(3) 가을 하늘 공활한데 높고 구름 없이

밝은 해와 맑은 달은 일편단심 일세

(4) 이 기상과 이 맘으로 충성을 다하여

괴로우나 즐거우나 나라 사랑하세

군자산 높은 봉우리에 서서 우리나라 애국가를 부르면 가슴이 닳아오르고 마음이 숙연해 진다. 봉우리마다 화려강산의 풍치가 춤을 추면서 우리 민족의 마음을 노래한다. 계곡을 타고 흐르는 물줄기의 소리가 평화와 행복을 연주한다.

머리 위에 떠가는 흰 구름까지 세계를 향해서 춤을 춘다. 남과 북의 사람들이 함께 마음을 모아서 춤을 춘다. 손에 손을 마주잡고 노래를 부르면서 춤을 춘다. 철조망을 넘나드는 산새들과 산 짐승들이 뛰놀면서 함께 춤을 춘다.

연천을 향해서 산악지대(山岳地帶)라고 비웃을 수 없다. 봉우리마다 두 활개를 활짝 펴고 행복의 노래를 부른다. 흐르는 강물도 노래를 부르면서 춤을 추고, 산천초목(山川草木)까지 아름다운 풍치를 흔들면서 함께 춤을 춘다.

삼천리 반도 금수강산을 노래한다. 이 기상과 이 맘으로 충성을 다하여 괴로우나 즐거우나 나라를 사랑하자고 노래를 부른다. 배달나라 배달민족의 진혼곡(鎭魂曲)을 읊으는 노래를 부른다. 옛 임들을 그리는 합주곡(合奏曲)을 연주한다. 하나님이 주신 땅 연천, 더 위대한 꿈을 감추어 두고, 세계의 사람들을 기다리는 연천의 노래는 인류의 역사와 함께 끝없이 부르고 불려질 것이다. 산골 깊숙이 묻혀있는 임꺽정의 이야기가 한탄강을 타고 울부짖고 있다.

신라 최후의 경순왕이 어찌하여 머나먼 길을 타고 북쪽 땅 여기까지 올라와서 1,000년 신라 왕국을 고려태왕 왕건(王建)에게 바치게 되었던가 하는 통일조국의 노래를 지금도 외쳐 부르고 있다. 우리나라 대한민국은 남도 북도 하나라라는 통일 조국의 노래를 부르고 있다. 누구인가가 줄 그어놓은 3,8선을 짓밟고 통일조국의 노래를 외쳐 부르고 있다. "대한 사람 대한으로 길이 보전하세"라고 노래를 부르고 있다. 연천 땅이 아름답게 피어있는 숲 속에서 희망의 노래를 부르고 있다.

2. 연천사람들은 가슴 속에 묻어두고 산다

어머니의 유방(乳房)은 크고도 둥그렇다.

그리하여 하시는 말씀, "너희들도 다음에 자식을 낳아서 길러 보아라"라고 하신 말씀을 마지막으로 남겨 주시고 이 세상을 영영 떠나 버리셨다. 어렸을 때에는 어머니의 젖을 빨아먹고 살았으나, 어머니가 가신 다음에는 어머니의 유훈(遺訓)을 빨아먹으면서 살으라는 어머니의 둥그런 유방 속에 품고 영영 가셔 버렸다.

연천은 어머니의 유방처럼 삼천리 반도 금수강산의 젖 줄기 땅이다. 반만년 배달민족의 꿈을 간직한 채 소리 없이 지켜보는 어머니의 유훈을 간직하고 있다. 통일의 꿈도, 평화의 노래도, 그리고 영원한 행복을 노래하는 땅으로 버티고 있다. 불안에 떠는 사람들의 가슴을 어루만져서 위로를 베풀어 주고, 허약한 사람들에게는 건강을 챙겨주고, 실패한 사람들에게는 새로운 꿈을 키워주고, 교만한 사람들에게는 마음을 비워야 산다고 말없이 꾸짖어 준다.

우리의 소원 통일은 싸움이 아니라, 이해와, 조화라는 소리 없이 침묵 속에 웅변해 주고 있다. 무궁화 삼천리 화려강산의 꿈을 가슴속 깊이 간직하고 살아간다고 외쳐주고 있다. 이 나라의 젊음이 끓어오르는 핏 소리를 가슴속에 묻어두고, 내일의 꿈을 꾸면서 살아가는 연천의 평화와 행복은 대한민국 삼천리 반도 금수강산의 영원함을 소리쳐 노래하고 있다. 연천 사람들의 침묵 속에 도사리고 있는 희망의 노래는 세계의 자랑이다.

연천 사람들은 하고 싶은 말도 가슴속 깊은 곳에 묻어두고 산다. 언젠가는 이루어질 통일의 날을 기다리면서 가슴을 움켜잡고 기다리면서 살아간다. 웅변(雄辯)은 은(銀)이요, 침묵(沈默)은 금이라고 했다. 연천 사람들이 입을 다문 과묵 속에 금은보화(金銀寶貨)가 가득히 싸여있다.

3. 임진강의 기적을 기다리면서 살아간다

서울 사람들에게는, "한강의 기적"이라는 말이 귀에 익혀져 있을 것이다. 서울의 중심부를 관통해서 흐르는 한강은 우리 대한민국을 세계의 선진화(先進化)로 가는 기적(奇蹟)의 젖 줄기였다. 그리고 북한은 평양을 관통해서 흐르는 대동강을 중심으로 문화의 중심을 일구었다.

그 외에도 우리나라의 4대강을 중심으로 동서남북의 전국이 현대화로 가고 있다. 큰 강을 끼고 농사일을 하는 것만이 아니라, 산업화(産業化)로 가는 길까지 큰 강의 흐름을 타고 일구어냈다.

그런데 유독 임진강만은 아직도 우리나라에서 개발되지 않은 유일한 강으로 남아 있다. 연천이 자랑하는 임진강은 멀리 북한 땅 함경남도(咸鏡南道) 안변군 마식령(磨息嶺)에서 발원하여 강원도의 고미곡천(古味谷川)과, 경기도의 평안강(平安江)으로 이어 오다가, 한탄강(漢灘江)과 합류하고, 강원도와 황해도를 경계하여 남쪽으로 흐르다가 파주(波州)의 남쪽에 이르러서 한강(漢江)과 합류하여 황해로 흘러들어가는 약 254km의 긴 강이다.

특히 임진강은 이조 제14대 선조왕 25년, 곧 1592년 4월 14일에 일

어난 임진왜난 때에 선조대왕이 일본 침략자들의 추격을 피하여 의주
(義州)로 파천해 간 일이 있었다. 이 때에 이율곡이 지은 방화정(放火
亭)에 불을 지르고 임진강을 건넜다는 일화는 역사를 아는 사람이면 다
알 수 있는 이야기로 남아있다. 그러나 지금 연천에서 살아가는 사람들
은 임진강의 여유로운 물을 받아서 비옥한 따에 농사를 지을 뿐만 아니
라, 물 속에 살고 있는 많은 고기 떼들로 생업을 이어가는 사람들도 있
고, 임진강을 끼고 널려있는 주변의 풍치(風致)와 함께 남다른 행복감
속에 살아가고 있다. 그리고 임진강은 맑은 물에다 강 가운데 널려있는
크고 작은 섬들도 개발을 기다리고 있다.

왜 이토록 아름답고 좋은 임진강의 주변은 개발되지 않고 있는가? 그 이유는 남과 북으로 분단된 현실의 벽이 막혀서라고 할 것이다. 그러나 이는 못해서가 아니라 감추어두고 있기 때문이라고 해야 할 것이다. 그리하여 연천은 사람들이 모르는 여유(餘裕)를 숨겨두고 살아간다.

통일의 날에 우리나라 삼천리반도 금수강산의 중심부로 개발하기 위해서 하나님이 감추어놓게 하셨다는 말이다. 대한민국 우리나라 삼천리 반도 금수강산을 더 풍요롭고 아름다운 나라, 세계의 사람들의 군침을 흘리게 하는 보화(寶華)의 땅으로 감추어 두고, 개발을 유보(留保)해 두고 있다는 말이다. 지금은 남토북수의 땅이라고 한다. 그러나 우리의 통일이 이루어지는 날, 통일조국의 중심부가 되게 하기 위해서 감추어 둔 보화의 강(江)이요, 통일조국의 중심부가 될 미래의 도읍지(都邑地)로 남겨두고 있다는 말이다. 그래서 남토북수의 땅 연천은 민족의 꿈이 도사리고 있고, 역사의 희망을 간직한 땅임을 자부한다. 바로 임진강의 물줄기는 이를 노래하면서 흐르고 있다. 북수남토의 땅 연천은 도도하게 흐르는 임진강과 함께 통일조국의 심장부를 자랑하면서 역사의 때가 오기를 기다리면서 쉴 새 없이 흐르고 있다. 비무장지대의 땅들을 개발하기 위해서는 한탄강이나 임진강의 물이 기적(奇蹟)을 가져다 줄 것이다. 연천에는 한탄강이 있고, 임진강이 있어서 장래의 꿈이 있고, 사람들의 부푼 가슴에 희망이 있다.

온 세계가 크게 흐르는 강을 끼고 개발되고 있다. 그런데도 철조망으로 꽁꽁 묶어둔 연천에는 천혜(天惠)의 젖줄기인 한탄강과 임진강이 흐르고 있다. 세계의 사람들이 '코리어'(Korea)를 외치면서 찾아 들 임진강의 기적을 숨겨놓고, 그 날을 기다리고 있다. 그 날에는 우리나라 대한민국의 중심이 바로 연천이라는 위대한 꿈을 가지고 '그 역사의 날'을 기다리고 있다.

연천 사람들은 임진강 물속에 낚시 줄을 던진다. 그물질을 한다. 그 물줄기를 받아서 농사를 짓고, 그 물을 마시면서 조용히 침묵 속에 살아가고 있다. 그러나 가슴은 항상 들떠있고 부풀어 있다. 다가 올 역사의 날을 바라고 있다. 한탄강과 임진강이 함께 가져 올 기적의 행복을 기다리고 있다.

4. 하늘이 주신 청정고토(淸淨故土)를 지키며 산다

연천 사람들은 조용하다.

아무 소리 없이 아주 조용하게 살아가고 있다. 못 나서가 아니라, 꿈을 가지고 살아가기 때문에 기다림의 침묵 속에 살아가고 있다. 농부들의 이마에서 흐르는 땀방울 속에 희망의 열매가 주렁주렁 열려있다. 다져진 근육은 자신감에 부풀어서 소리 없이 웅변해 주고 있다. 산속의 짐승들이나 공중에 나는 새들까지 자신감에 벅차 있다.

연천은 살아서 말한다. 소리처서 외치고 있다. 하늘을 보아도, 땅을 보아도, 두둥실 떠가는 구름 한 점까지도 청정고토의 아름다움을 노래하고, 연천의 깨끗함을 자랑하고, 다가 올 새 역사의 중심에서 살아갈 것을 기다리고 있다. 굳게 담은 입술 속에 너무도 많은 말들을 감추어두고, 내일의 꿈을 이루어내기 위해서 열심히 살아가고 있다. 한 치의 땅도 아껴야 하고, 한 포기의 풀잎까지도 우리가 가꾸고 지켜야 한다는 마음으로 곱게곱게 가꾸면서 살아가고 있다.

하늘도 땅도, 물도 공기도 다 아름답고 맑음을 자랑한다. 연천 사람들은 이를 지키고 가꾸기 위해서 부지런히 살아가고 있다.

　대한민국 전체를 두고도 연천만큼 천혜의 정정지역이 없다는 것은 삼척동자도 다 알고 있는 일이다. 그래서 우리 정부는 무엇보다도 천혜의 청정지역인 연천을 자연 그대로 간직하고 지켜야 할 것이다. 그렇게 하기 위해서 연천 사람들은 스스로 청정고토의 자연 그대로를 지켜야 할 것이다. 그리고 우리 정부도 현대 과학문명에 의한 개발이라는 말에 앞서 우선 천혜의 청정지역인 연천을 그대로 지키고 보전하도록 해야 한다.

　아무리 현대화가 좋다고 할 찌라도 천혜의 청정지역이라는 자연의 혜택에는 이르지 못할 것이므로, 개발에 앞서 천혜의 청정지역을 원형 그대로 살리겠다는 원칙 아래 현대화로 발전을 해 나가야 할 것이다.

다시 연천은 말한다. 조구의 통일이 이루어지는 날 대한민국의 심장으로서 연천일하는 것을 자부한다. 또한 대한민국의 심장부가 될 연천은 우리나라의 세계 선봉과 함께 세계의 중심이 될 것을 준비하면서 바라보고 있다. 또한 그 위에 천혜의 청정지역을 원형 그대로 지켜서 세계의 사람들에게 자랑할 것을 기다리고 있다.

5. 연천사람들의 마음을 읽는다

첩첩이 쌓인 산악의 땅 연천은 군사시설로 얽혀져 있다. 4만 5천 남짓한 군민들 외에, 이 나라의 꿈을 간직하고 있는 우리의 희망인 젊은 이들이 지금은 군복을 입고 통일을 위해서 열심히 복무하고 있다. 그러므로 연천 사람들의 성분을 나누어 보면, 일반 서민들과, 공무원들과, 군인들로 분류 될 것이다. 연천 사람들은 참으로 조용하다. 아주 말없이 침묵을 지키면서 살아가고 있다.

그러나 소리 없이 구석구석에 숨겨져 꿈틀거리고 있는 이 나라의 인재(人才)들이 말없이 숨어 살면서 자기의 꿈을 이루어가고 있을 뿐만 아니라, 조국의 미래를 설계(設計) 하면서, 세계의 미래를 만들어 가고 있다. 그러므로 연천은 이 나라의 인재들이 모여서 미래를 설계해 나가는 곳이요, 위대한 꿈의 사람들이 얽혀서 다가 올 역사를 만들어 가는 곳이다.

연천 군민의 마음을 알고자 하면 연천 군민의 헌장(憲章)을 보라. 누구의 명령이나 지시에 의해서가 아니라, 스스로 사람의 도례(道禮)를 지키면서, 명랑한 사회를 일구어 가고 있다. 마음씨 곱고 인심 좋아서 살기에 좋다고 찾아드는 연천의 인심은 하늘처럼 맑고, 산천처럼 아름답다. 옛 것의 아름다움을 지키고, 살기 좋은 고장을 만들어가기 위해서 밤낮없이 개발에 개발을 더 해가고 있다. 그러면서도 연천 사람들이 그렇게 쉽게 마음을 열어주지 않는 것은 남모르는 꿈이 도사리고 있기 때문이다. 분단조국의 통일에 대한 열망, 조국의 심장부로서의 기대, 세계 중심으로서 떠오를 날을 기다리는 마음은 입술을 무겁게 닫아놓고 살아간다. 사정을 모르는 사람들과의 교제는 침묵이 더 아름답고 좋다는 것을 연천 사람들은 너무도 잘 알고 있다.

6. 사진으로 보는 연천의 이곳 저곳

05

연천의 노래

희비쌍곡선(喜悲雙曲線)으로 갈라서는 연천의 노래는 우리 민족의 마음이 그대로 읊어지고 있다. 비지땀을 흘려가면서 땅을 일구고 씨를 뿌리는 농부들의 수고와, 김을 매고 거름을 주면서 가꾸는 아낙네들의 기다림의 세월과, 황금벌판에 나가서 무르익은 알곡을 거두어 드릴 부푼 꿈을 간직하고 살아가는 연천 군민의 마음은 뜨겁고도 무겁다. 또한 철조망을 사이에 두고 밤낮 없이 국토방위의 임무에 몸을 던지고 있는 우리 용사들의 마음은 언제나 초조하고 긴장의 연속이다. 지금은 모두가 그렇게 살아가고 있다.

그러나 이들에게는 부푼 꿈이 있고 희망이 있다. 조국의 통일에 대한 꿈이 있고, 미래에 드러날 연천의 모습을 그리는 희망에 부풀어 있다.

그러한 꿈과 희망의 노래를 임진강 물줄기에 띄워 보내면서 세계의 사람들에게 안부를 보내고 있다. 지켜보라는 말로 편지를 띄워 보낸다. 북녘 동포들의 안부를 담아서 오대양 육대주로 소식을 보낸다. 연천의 계곡에는 어느 것 하나도 잠들어 있는 것은 없다. 뜻 없이 버려진 것은 단 하나도 없다. 모두가 살아서 숨을 쉬고 희망의 꿈에 부풀어 있다.

유구 반만년의 역사가 시작되기 전부터 역사를 만들면서 살아오던 원시인(原始人)들의 유적으로 뒤얽혀있는 연천은 신비(神秘)의 고장이라고 해야 할 것이다.

서울을 비롯한 남녘의 동포들은 생각하기를, 군인들만으로 뒤얽혀 있는 전방으로만 잘 못 알고 있을 것이다.

그러나 연천 사람들은 참으로 평화롭고 행복으로 가득 차 있다. 서울 같은 도심 속의 어지러움이나 온갖 범죄로 얼룩진 일이 없고, 서로가 뒤얽혀서 물고 뜯고 싸워야 할 이유가 없는 곳이 연천이다.

동남풍아 불어라 서북풍아 불어라

연천 사람들은 3,8선을 짓밟고 통일에 산다

철조망도 휴전선도 두렵지 않고

배달나라 대한민국을 노래하며 살아간다

청명한 하늘 높은 곳에 두둥실 떠가는 구름송이에

우리의 안부를 보내고 기다림의 소식을 보낸다

북녘 끝에서 구비쳐 흘러 온 임진강 물을 마시며

소리없이 뿌려서 보낸 눈물의 사연을 을프면서

그 날을 기다리며 안부를 살펴 보낸다 북녘 동포들에게

철조망을 비웃으며 두둥실 넘어오는 구름 속에

북녘 동포들의 안부를 살피며 또, 가슴을 어루만진다

통일의 날을 기다리며 살자고

그리운 북녘 동포들과 함께 통일의 노래를 부르자고

1. 원한의 철조망(鐵條網)

연천 사람들은 3,8선을 짓밟아 버렸는데 또한 휴전선이란 웬 말인가?

지금 우리나라는 세계의 자랑으로 우뚝 솟아오르고 있다. 비록 나라는 남북으로 양단되어 세계 유일의 분단국(分斷國)인데도 백성들의 부지런함과 지혜로 세계가 부러워하는 문화의 대국(大國)이요, 경제의 대국으로 발전했다. 그리고 아직도 세계 최고가 되기 위해서 줄기차게 달리고 있다. 특히 우리나라는 남한만의 국토가 겨우 10만 평방 키로미터에 불과하다. 그런데도 우리나라 대한민국은 세계의 사람들이 부러워하고, 줄을 지어서 찾아오는 부국(富國)이요, 잘 사는 백성들의 나라로 알려져 있다.

이미 오대양 육대주의 깊은 곳까지 구석구석 찾아들어서 우리 한국 사람들이 가지 않은 곳이 없고, 인종과 피부와 언어와 색깔을 가리지 않고 세계의 사람들이 '코리어'를 외치면서 우리나라로 몰려오고 있다. 아시아의 높은 산악지대의 사람들도 우리 한국말을 배우고, 심지어는 아프리카대륙의 오지(奧地)에서 사는 사람들까지 한국말을 배운단다. 우리 한국에 가 볼 기회를 노리면서.......,

2016년 6월에 우리나라 박근혜 대통령께서 아프리카의 중앙에 있는 우간다에 가서서 태극기를 꽂았다. 북한과의 친선만이 아니라, 북한군의 산악지대 훈련장이기도 한 우간다에 우리의 태극기(太極旗)를 꽂았다. 그리고 우간다의 개발을 위해서 우리의 본을 따라서 새마을 학교를 세우게 하고, 우리 한국말을 배우게 하고, 우리나라 대한민국을 배우게 했다. 너무도 자랑스럽다.

그런데도 연천 사람들은 눈만 뜨면 원한의 철조망을 바라보면서 눈살을 찌푸리며 살아가야 한다. 60 여년 동안에 녹슬어버린 철조망을 사이에 두고, 남북으로 갈라서서 두 발을 동동거리면서 살아가는 연천 사람들의 마음은 참으로 애처롭다. 어쩌다가 한 번 관광 삼아서 찾아보는 철조망이 아니라, 분단의 아픔을 밤낮 없이 느끼면서 살아간다.

연천 사람들은 이러한 철조망을 경계로, 더위와 추위도 모르고 완전 무장을 한 우리의 젊은이들이 안타깝게 지키고 있는 철조망을 끼고 살아간다. 비록 녹은 쓸었다고 할지라도 그 철조망을 모두 고철(古鐵)로 모을 경우 그 값이 얼마나 될 것인가 하는 것을 생각해 본다. 이것은 전혀 낭비라는 안타까운 마음을 달래면서 살아간다. 단 하루라도 빨리 남북한이 통일이 되면 저 철조망은 완전히 걷혀질 것이라는 꿈을 그리면서 살아간다. 철조망 높은 산과 넓은 강을 가리지 않고 흉물스럽게 가로막고 있는 철조망이 걷히는 날을 간절히 소망하면서 가슴 속의 통곡

속에 살아간다.

우리의 젊은 군사들이 자기의 부모와 함께 고향의 향토를 일구면서 행복을 누리고, 세계의 경쟁 속에 뛰어들 날이 언제일까를 생각하면서 안타깝게 지켜보면서 살아간다. 북에서 가만히 불어오는 바람에 나무 잎이 흔들거린다. 철조망을 끼고 불어오는 바람은 우리의 전사들을 긴장케 한다. 언제까지 이 일이 계속적으로 되풀이 되어야 하는가를 초조하게 생각하면서 긴장의 마음을 놓지 못하고 살아간다. 어느 때인가는 알 수 없어도, 저 철조망의 고철들을 모아서 건설의 기둥으로 쓰게 될 날이 올 것이라는 기대감 속에 살아간다. 철조망 사이로 자유롭게 뛰어다니면서 남과 북으로 오고 가는 산 짐승들을 지켜보면서 통일(統一)의 날이 하루라도 빨리 와주기를 고대하면서 눈물 속에 살아간다.

아! 철조망 저 너머에 있는 북녘의 동포들은 지금쯤 어떻게 살고 있을까? 통일조국을 얼마나 애타게 기다리고 있을까를 생각하면서 기다림 속에 살아간다.

2. 임진강의 안부(安否)

　남토북수(南土北水)의 땅 연천의 사람들은 날마다 남북한의 안부를 나누면서 살아간다. 북쪽을 향해서 불어가는 바람결에 우리의 눈물을 비구름에 담아서 통일의 날을 기다리고 있다고 안부의 사연을 보낸다. 하늘높이 흘러가는 구름 속에 북녘 동포들의 가슴 속에 담긴 말을 담아서 남쪽 동포들에게 겨레의 안부를 보내온다. 우리 다 함께 통일의 날까지 변하지 말고 기다려 달라는 당부의 말을 실어서 주고받는다. 구름 속에 얽혀있는 남녘 동포들의 기다림을 눈물로서 뿌려달라는 안부를 담아서 북녘 동포들이 쉬임이 없이 계속하여 남쪽으로 날려 보내고 있다. 임진강 맑은 물에 양발을 담구고, 북녘 동포들이 보내온 소식을 몸으로 느끼면서 가슴을 달랜다. 애타게 보고 싶은 마음을 어루만진다. 북에서 흘러 온 물에 농사를 짓고 곡식을 거둘 때는 고맙다는 마음으로 울먹이면서 거두어 드린다. 강물 속에 움직이는 고기를 보면, 북녘 동포들이 보내온 선물(膳物)이라고 생각하면서 이들을 잡는다.

　그리고 그것들로 밥상을 차린 다음에는, 온 가족들이 한 자리에 모여서 북녘 동포들과 함께 밥상에 앉아서 나누어 먹는다는 마음으로 행복한 식사를 한다. 연천 사람들은 1년 365일, 한탄강과 임진강 물의 흐름이 끝나지 않는 한 북녘 동포들과 함께 마음을 나누면서 살아간다. 다른 사람들은 물이 맑고 시원해서 목욕을 하려고 물에 뛰어들고 몸을 적신다. 그러나 연천 사람들은 언제나 북녘 동포들과 함께 희노애락(喜怒哀樂)을 나누면서 살아가고 있다. 임진강의 안부와 함께 웃고 울면서 통일의 날이 올 것이라는 기대감 속에 살아간다. 한탄강의 물줄기 속에 북녘에 계신 어머니의 눈물이 서려있고, 임진강 맑은 물 속에 북녘 동포들의 한 서린 피눈물이 섞여 있다는 것을 읽으면서 지켜본다.

이토록 애타게 부르짖음과 기다림이 있는 한, 삼천리 반도 금수강산의 통일은 반드시 이루어 질 것이라는 기대감의 안부를 나누면서 살아간다. 임진강의 물이 맑다. 북녘 동포들의 평안의 소리를 살핀다. 임진강을 타고 흐르는 물이 흙탕물로 바뀌었다. 아, 큰 일이 났구나. 큰 비가 온 것이 아니라, 얼마나 기다리다가 속이 상한다고 흙탕물로 소식을 전해 온 것일까고 염려스러운 마음으로 북녘 동포들의 안부를 살핀다.

우리의 소원은 통일

통일이여 어서 오라

한탄강을 타고 오라

임진강의 물을 타고 오라

우리의 소원은 통일

꿈에도 소원은 통일

삼천만 겨레의 꿈인

남북한의 통일이여 오라

우리의 소원은 통일

기다림의 통일이여

하늘을 우러러 구름을 향하여

통일이여 오라 대한민국의 통일

어서 오라 남북한의 통일이여

3. 연천의 땅은 굼틀거린다

첩첩 산봉우리로 짜여 있는 연천의 땅은 구름을 타고 하늘로 오르는 용(龍)처럼 굼틀거리면서 높이 높이 솟아오른다. 가파른 숨결 속에 하늘높이 솟아오르고 있다.

배달민족의 기상(氣像)을 한 아름 안고 하늘높이 솟아오르고 있다. 자나 깨나 천만년의 역사가 바뀌고 세월이 흘러갈지라도 연천의 땅은 굼틀거리면서 하늘높이 치솟고 있다. 언제까지나 계속해서 쉼 없이 솟아오르고 있다.

연천의 산세(山勢)는 살아있다. 고려시대의 수도권(首都圈) 연천은 통일 대한민국의 중심이라는 자부심을 가지고 굼틀거리고 있다. 말없이 흐르는 임진강을 품에 안고, 오대양 육대주를 향해서 우리 대한민국 사람들의 안부를 보낸다. 잘 있다는 안부의 소식을 보낸다. 때가 이르면 통일 대한민국의 복판에 앉아서 세계의 사람들을 부를 것이라는 초청장을 쓰면서 기다리고 있다.

연천 사람들은 조용하다. 소리 없이 아주 조용하다. 입술을 굳게 다물고 말을 하지 않는다. 때가 이를 때까지 기다리면서 침묵을 지켜나가고 있다. 그러나 연천의 산세(山勢)와 함께 꿈을 키우면서 기다림의 침묵(沈黙)을 지키고 있다.

하늘 높이 떠가는 구름조차 푸른 하늘 위에서 소리 없이 춤을 추면서 연천의 노래를 부르고 있다.

백학지(白鶴池) 연못가의 소나무에 몸을 걸치고 있는 백학들과 함께 통일의 날을 기다리면서 굼틀거리고 있다. 산천도 굼틀거리고, 산새들도 굼틀거리고, 산 짐승들도 굼틀거리고, 연천의 사람들과 함께 소리 없이 굼틀거리면서 때가 오기를 기다리고 있다. 흘러간 역사 속의 옛 이야기들을 하면서, 선조들이 감추어 둔 고적(古蹟)들을 어루만지면서 통일의 날을 애타게 기다리고 있다.

연천의 사람들은 조국의 통일을 위해서 낙화(落花)처럼 떨어져 가신 젊은 순국(殉國)의 원혼(冤魂)들과 함께 굼틀거리고 있다. 봉우리마다 젊은 순국선열(殉國先烈)들의 넋이 잠들어 있고, 살을 쪼개서 아름다운 숲을 가꾸고, 피를 짜서 생명(生命)의 강물을 흘려보내는 땅 연천은 살아서 굼틀거리고 있다. 구경하는 사람들의 관광지만이 아니라, 배달민족의 생명력(生命力)을 간직하고 있는 연천의 산천초목은 살아서 굼틀거리고 있다. 하늘도 살아서 굼틀거리고, 땅도 살아서 굼틀거리고, 연천의 사람들과 함께 금수곤충(禽獸昆蟲)까지도 살아서 굼틀거리고 있다.

배달민족의 넋이 잠꼬대를 하면서 굼틀거리고 있다. 늦가을 바람에 우수수 머리를 흔들며 손짓을 하는 갈대의 땅 연천은, "조국을 위해서 싸우다가 이렇게 잠들어 있노라"는 순국선열(殉國先烈)들의 넋이 오고 가는 사람들에게 안부를 보내고 있다. 외롭게 흐느끼면서 평화롭게 잘 살아야 한다는 당부의 말을 보내주고 있다.

대한 사람 대한으로 길이 보전하세

4. 연천사람들의 꿈을 말한다

4만 5천 여명의 군민들이 힘을 합쳐서 대한민국 심장부로서의 연천을 만들고, 세계의 중심지를 지향해서 달려가고 있는 연천 사람들의 꿈을 어떻게 한 마디로 말 할 수 있겠는가?

그러나 연천 사람들은 처음부터 끝까지 한결같은 꿈을 가지고 있다.

한 사람 한 사람의 꿈들이 모아서 온 겨레의 꿈이요, 전체 민족의 꿈으로 묶어지는 하나의 꿈을 간직하고 있다. 누구에게나 같은 꿈을 가지고 있다. 흘러간 역사 속의 선열(先烈)들이나, 봉우리마다 잠들어 있는 순국의 영령(英靈)들이 살아남은 연천 사람들이 한결같이 바라는 꿈이 있다. 이 땅은 우리나라 조국의 땅이다. 이 나라를 지키고 가꾸기 위해서 살과 피와 뼈를 드려야 한다는 한결같은 꿈을 가지고 있다. 그 다음에는 원혼까지도 이 나라를 지키고 가꾸기 위해서 충성을 바쳐야 한다는 꿈을 가지고 있다. 북쪽 땅 대륙에서 두 발을 벌리고 태평양을 향해서 포효(咆哮)하는 호랑이처럼 기세가 피어나면서도, 소리 없이 기다리는 연천 사람들의 꿈은 한결 같다.

잠들어있는 호랑이에게는 생쥐라도 기웃거린다. 그러나 잠에서 깨어

난 천하무적(天下無敵)의
호랑이 앞에는 산천초목까
지도 벌벌 떤다. 연천의 땅
은 호랑이의 심장부(心臟
部)다. 연천 사람들의 끓어
오르는 피가 용솟음 칠 때

에 나라의 역사가 흔들릴 것이라는 꿈을 간직하고 있다.

통일을 바라는 것도 이 꿈을 이루기 위함이다. 묵묵히 땅을 파고 있
는 농부를 비웃지 말라. 물동이를 이고 가는 아낙네를 조롱하지 말라.
발부리로 돌맹이를 차고 가는 어린이를 얕보지 말라. 연천 사람들의 꿈
이 이루어지는 날 온 세계가 엎드릴 것을 바라고 살아간다.

연천의 사람들은 남북한의 통일이 이루어지는 날 심장부의 핏방울이
솟구쳐 오를 것을 기다리면서 살아간다. 묵묵히 엎드려서 소리 없이 살
아간다. 뒷자리에서 뛰어나와 세계의 앞장에 서게 될 날을 기다리면서
한사코 숨어서 살아가고 있다. 열심히, 아주 부지런히 살아가고 있다.
연천 사람들의 심장은 이 시간에도 뛰고 있다. 줄기차게 뛰고 있다. 대
한민국의 심장부 연천은 세계의 중심이 될 것이라는 꿈을 가지고 있다.

5. 연천 사람들은 통일에 산다

우리나라 남북한의 통일은 우리 민족 한국인에게 주어진 역사적인 사명이요 반드시 이루어 내야 할 필연적인 과제다. 고향의 부모형제와, 학교의 배움까지 접어두고 군(軍)에 입대하여 국토방위의 임무를 맡고 있는 국군 장병들도 전쟁이 목적이 아니라 통일이 목적이다.

특히 연천의 사람들은 자나 깨나 통일에 대한 염원이 한결 같다. 순간적으로나마 잊으려고 해도 '아, 38선'이라는 돌비가 마음의 긴장을 풀지 못하게 한다.

일정(日政) 식민지배의 노예생활도 해 보았고, 꿈에도 생각하지 못했든 공산주의 학정 아래서도 살아 보았다. 이제는 자유대한 조국의 따뜻한 젖을 먹고 살면서 통일 조국의 품 안에서 남북 동포들이 다 같이 함께 살아가는 날을 고대하면서 살아간다. 무심히 떠가는 하늘의 구름을 바라보면서 북녘 동포들의 안부를 살피고, 소낙비를 맞으면서 고향에 두고 온 부모형제, 일가 친척, 친지들을 그리워하는 눈물을 흘리면서 살아간다. 바라는 통일이 아니라 꿈에도 소원은 통일이다. 통일을 누리면서 산골을 해매며, 딛는 발자국 마다 통일의 염원을 담아서 고토에 뿌리면서 살아간다. 우리의 통일은 세계의 어느 사람이나 나라가 가져다 줄 것이 아니라, 우리가 해내야 할 역사적인 과업이라는 것을 가슴 속에 안고 날마다 통일에 살아간다.

맑은 하늘을 가리고 넘어오는 먹구름을 보노라면 북녘동포들이 보내온 기다림의 피눈물이 섞여 있다는 것을 읽는다.

우리의 소원은 통일 꿈에도 소원은 통일

통일이여 어서 오라 남북한의 통일이여

한 겨레 한 민족 같이 살아야 한다고

하늘을 우러러 통일의 노래를 부른다

통일이여 오라 어서 속히 오라

우리의 소원은 통일 자나 깨나 바라는 통일

손에 손을 마주잡고 통일의 노래를 부르자

남북한 동포들이 통일의 노래를 부르자

삼천리반도 금수강산은 하나의 조국이다

통일이여 어서 오라 남북한의 통일이여

우리의 소원은 통일 남북한이 하나 되는 통일

얼굴을 마주하여 가슴을 얼싸안고 노래를 부르자

남도 북도 우리 겨레 한 핏줄로 얽힌 우리 동포

무궁화 꽃 피는 나라 대한민국은 우리의 조국

통일이여 어서 오라 철조망을 짓밟고 오라

우리의 소원은 통일 남북한의 소원은 통일

우리 겨레 하나로 뭉쳐서 통일조국을 일구어내자

우리의 부모형제 사랑하는 동포들이 하나가 되어

우리가 이루어야 할 남북통일 우리의 힘으로 이루어 내자

우리의 소원은 꿈에도 소원은 통일 통일이여 오라

로기아 아카데미 하우스가 할 일

이 글을 쓰는 사람으로서 매우 조심스러운 자기 이야기를 해야 하겠다.

먼저는 함께 살아가는 연천 군민들의 이해와 아낌없는 사랑을 부탁하기 위해서고, 다음에는 뜻을 같이하는 사람들을 모아서 새로운 세계를 만들어 가자는 말을 하고 싶다. 그러기 위해서는 지금 당장 내가 몸을 담고 있는 나의 조국을 지켜야 하고, 우리나라 대한민국을 새롭게 가꾸고 길러서 세계의 선진국(先進國)으로 앞자리에 세워야 하고, 모든 지구촌의 사람들에게 우리 대한민국의 사람으로서 꿈을 심어줘야 한다고 생각한다. 이를 위해서 우리는 힘을 모아야 하고, 정신을 쏟아야 한다. 내가 당장에 해 낸다는 자기욕심이 아니라, 역사가 계속되는 한 이

일을 계속하도록 길을 닦고, 씨를 뿌려야 한다는 말이다.

지금 전 세계는 모든 가능성을 가지고 있으면서 잘 못 가고 있는 점들이 너무도 많은 것 같다. 시행착오(施行錯誤)라고 돌려 버리기에는 너무도 아쉽다. 뜻을 가진 사람들이 모여서 이를 풀어가면 가능하다고 본다. 믿고 하면 된다 하자는 마음으로 이를 실천하려고 한다. 그 이상의 성패(成敗)에 대한 문제는 내가 아버지로 믿는 하나님께 맡기겠다. 로기아 아카데미 하우스(Logia Academy House)라는 이름은, '공부하는 집'이라는 말의 뜻들을 모아서, 헬라어와 영어의 합성어(合成語)일 뿐이다. 함께 지혜를 모아서 연구해 보자는 이름일 뿐이다.

정확하고 확실한 것은 가능성(可能性)이다.

내 나이 85세의 주재에 무엇을 할 것인가에 대해서는 스스로 '아니라'는 답이 있을 뿐이다. 그런데도 하겠다는 것은 허황된 꿈의 이야기가 아니라, 믿고 하면 된다는 확신의 다짐이요, 눈으로 보고, 손으로 만지도록 실상을 보여줄 것이라는 말로 자기의 변명을 하겠다. 여기에서 할 일들은 어제 오늘에 생각해 낸 것이 아니라, 85년 동안을 눈물과 역경을 딛고 일구어 낸 결과의 실상을 보여주려는 것이다.

자기의 욕심이나 명예를 위해서가 아니라, 역사가 끝나는 날까지 세계의 사람들을 위해서 누군가가 해내야 할 일들을 스스로 맡아서 해 내겠다는 다짐이 있을 뿐이다. 부디 내게 돌아올 몫이 있다면 철저한 봉사와 희생이 있을 뿐이라는 것도 알고 있다. 그러므로 스스로의 목숨을 바쳐서라도 반드시 해내야 하겠다는 결의 속에 '로기아 아카데미 하우스'에서는 기어이 해낼 것이다.

　누가 다닐 것인가를 묻지 말고 길을 닦아야 하고, 누가 따 먹을 것인가를 묻지 말고 과일나무를 심어야 한다. 그 일을 해내기 위해서 여기 '로기아 아카데미 하우스'에서는 줄기차게 달려 갈 것이다. 우리 함께 지혜를 모아서 새로운 세계를 열어나가자. 무엇을 어떻게 할 것인가에 대해서는 간단히 설명을 하는 것으로 끝내고, 이 이상의 말은 앞으로 되어질 일을 통해서 보여드리기로 약속한다.

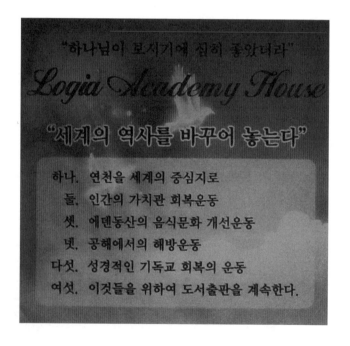

1. 연천을 세계의 중심지로 일군다

연천은 비록 산악지대(山岳地帶)에 버려진 것 같으나 사실은 선사시대(先史時代)로부터 시작된 역사가 숨 쉬는 곳이다. 해발 440m의 고랭지대(高冷地帶)로서 군 전체가 산봉우리로 얽혀있는 땅이라고 해도, 알고 보면 연천이야말로 세계 제1의 보고(寶庫)라고 해도 될 것이다.

우리가 누구를 위해서 무엇을 어떻게 하느냐 하는데 따라서 사람의 일만이 아니라, 우리가 발을 붙이고 살아가는 땅까지가 명소(名所)가 될 수 있다는 자부심을 갖는다. 여기에서 세계 인류를 위해서 기여하는 일이 이루어진다면 그 곳이 곧 세계의 중심지(中心地)요, 세계적인 명소(名所)가 될 것이라고 믿는다. 그러므로 '로기아 아카데미 하우스'가 있는 연천에서 반드시 그 일을 해 낼 것이다.

지금 전 세계 인류가 안고 있는 문제는, 경제(經濟)와, 안보(安保)와, 평화(平和)와, 행복(幸福)이라고 할 것이다. 이것들을 위해서 세계적인 기구(機構)가 짜여져 있고, 여기에 몸을 담고 수고하는 사람들이 많이 있다. 그런데도 지금 전 세계는 날로 더욱 위기(危機)에 빠져 들어가고 있다.

아무리 과학문명이 발달되었다고 할지라도 사람들의 생각에 따라서 전혀 다른 방향으로 흘러갈 수밖에 없다. 그러므로 이를 바로 잡기 위해서는 누군가의 희생이 필요하다. 정신적인 희생 외에 시간과 몸을 드리는 희생(犧牲)이 없이는 이루어질 수 없다. 그 희생을 담당하기 위해서 '로기아 아카데미 하우스'에서는 일을 할 것이다. 살아계신 하나님께서는 반드시 의(義)로운 자의 편에 서 주시고, 손을 들어 주실 것이라고 확신한다. 인간의 존엄성(尊嚴性)과 가치관(價値觀)이 이보다 더 무너질 수는 없다. 더 이상 무너져서는 안 된다. 그리고 식생활문제가 해결되지 않고는 행복은 없다. 그러므로 이 문제를 해결해야 한다. 지구촌에서 1년에 500만∼700만 명의 아사자(餓死者)가 발생한다면 이를 어떻게 해야 할 것인가?

미세(微細) 먼지다, 황사(黃砂)다 하여 공해문제가 너무도 심각하다. 이 위기를 어떻게 극복해야 할 것인가? 경제문제에 집착하다 보니 인간의 가치관이 땅바닥에 떨어진지 오래인데도 이에 대한 말은 겨우 '인권(人權)'이라는 말로 얼버무려 버리고 구체적인 대안이 없다. 이런 일들을 못해서가 아니라, 안 하는 감이 짙다. 할 수 있는 지혜도 있고, 능력도 있고, 기술도 있고, 재정적인 힘도 있다. 문제는 안 하는 것일 뿐이다.

왜 그럴까? 사회정의(社會正義)가 설 자리를 잃었기 때문이다. 내세

천국운동으로 영혼의 구원을 말하는 기독교가 너무도 지나치게 세속화(世俗化)로 병(病) 들어 버렸고, 성경 진리에서 벗어나 버렸기 때문에 이에 대한 시비(是非)를 일으키는 사람도 없다. 그러므로 이를 치료하는 비결을 강구해야 하고, 방법을 찾아내야 한다.

이 문제를 해결해 내면 길이 열릴 것이다. 이 일을 연천에서 해 낼 것이다. 시작은 비록 미약할지라도 결과는 세계의 중심지로서의 열매가 맺게 될 것이다. 연천의 청정 맑은 환경에서, 세상에 물들지 말고, 반드시 이 일을 해내야 할 것이다. 한 사람의 힘으로는 불가능한 일이 모두의 힘을 합하면 쉽게 가능하다. 단 한 사람의 의도와 시작이 세계의 역사를 바꾸어 놓는다면 멈출 수도 없고 피할 수도 없다. 반드시 내가 한다는 허영이나 욕심이 아닌 발파의 임무로서 자신을 끝내야 한다는 것도 안다. 그 일을 담당하기 위해서 연천에다 '로기아 아카데미 하우스'를 지었다.

2. 세계 인류의 식생활 개선운동 전개

우선 '세계 인류의 식생활(食生活) 개선운동이 가능한가?'라고 하는 문제부터 생각해 보아야 할 것이다.

이에 대한 답은 아주 정확하게 말해서, '가능하다'라고 하는 말로 답을 하고 들어간다. 즉, 우리가 아는 대로 지금 전 세계의 인구를 75억 정도로 추산하고 있다. 그리고 그 많은 사람들 가운데 1년에 약 500만명 내지 700만명 정도가 먹을 것이 없어서 굶어가는 것으로 설명되고 있다.

이 숫자를 상한선(上限線)으로 보더라도 약 700만명 정도나 되고, 이들을 먹여 살리기 위해서는 1인당 평균 한화로 1일 15,000원으로 계산할 경우 연간 약 55억원 정도면 능히 이들을 다 먹여 살릴 수 있다.

그런데 우주개발(宇宙開發)이라는 명목으로 쓰여 지는 돈이 1년에 얼마인가를 생각해 보면 이에 대한 해결책이 쉽게 나올 것이다. 1광년은 빛의 속도로 계산 된 1년간의 거리로서 약 9조 4500km의 거리라고 할 것이다. 그런데 몇 억광년이나 되는 먼 거리에 천문학적인 자금을 쏟아 부어가면서 로케트를 발사하는 것이 우주과학 문명의 발전이라면 꼭 그렇게 해야 할 이유를 더 설득력(說得力) 있게 필요성이 설명 되어야 한다.

당장 곁에는 굶어서 죽어가는 사람들이 년간 700만이나 된다고 하는데, 그들에 대해서는 피도 눈물도 없이 천문학적인 돈을 쏟아 부어서 로케트를 발사했다고 뽐내는 세상이라면 과연 그들의 종국적인 목적이 무엇인가를 묻고 싶다.

그러나 그것을 시비하려는 것이 아니라, 인류문명의 원천을 파헤쳐가면서 세계 인류가 굶지않고 먹고 살아갈 방법을 찾아내자는 것이다. 바로 그 일을 여기'로기아 아카데미 하우스'에서 해 내겠다는 말이다. 우리 인류의 시조가 처음에 먹었든 음식물은 지금의 것이 아니라, 전혀 다른 자연에서 얻은 그대로였다는 것을 알면 이해가 쉬울 것이다. 즉, 에덴동산의 음식물은 선악과(善惡果)를 제외한 모든 열매들이었다는 것을 생각하면 이해가 더 쉬울 것이다. 그리고 사람들에게 있어서 약(藥) 따로, 밥 따로가 아니라, 식약동식(食藥同食)이라는 원칙을 생각해 보면 더 이해가 쉬울 것이다.

그리고 현대과학문명의 지혜와 기술로 우리 인간의 생체(生體)로부터 시작하여 인간들이 필요로 하는 음식물의 영양학적인 구성원(構成源)들을 생각하면 각 종 동식물(動植物)들의 성분을 분석하여 표본을 만들어내야 한다. 우리 사람들이 먹을 수 있는 것들이 새롭게 정리가 될 것이다.

우리 인체에 필요로 하는 영양분의 종류와 균형의 표본을 만들고 이에 근거하여, 우리 주변에 널려있는 자연들을 분석 해 들어가면 자연히 음식물의 개선책(改善策)이 나올 수 있다는 답이 나온다.

성경을 통해서 볼 때에 에덴동산 음식문화(飮食文化)의 영향 아래 있었던 사람들의 수명(壽命)은 거의 900세가 넘었든 것으로 이해된다. 그리고 노아 홍수기(洪水期)로부터 시작하여 인간의 수명이 갑자기 120세 이하로 줄어들게 되었다는 것을 알 수 있다. 이는 기독교의 경전인 성경의 이론이라고 단순히 지나쳐 버릴 것이 아니라, 인간 문명(文明)의 발달은 결코 인간의 수명(壽命)을 더 연장시켜주지 못했다는 것을 알기 때문에 더 이론의 신빙성이 있다고 본다. 창조주(創造主) 하나님께서 지으신 존재(存在)의 모든 것들은 "하나님이 보시기에 심히 좋은 것들" 뿐이었다. 모양만이 좋은 것이 아니라, 그 본질과 존재 자체가 좋았다는 말씀이다. 사람도 좋았고, 만물의 모든 것들이 다 좋았다.

사람들이 발명(發明)을 하고, 발견(發見)을 한다는 모든 것들은 다 창조주 하나님께서 발생시킨 존재의 범주를 떠나서 있는 것은 단 하나도 없다. 그 존재(存在)와 형식 안에서 찾아내는 것일 뿐이다. 그러므로 우리 주변에 있는 자연 속의 식물(植物)들을 세심하게 분석하여 우리 인체의 구조와 함께, 사람들이 필요로 하는 영양분(營養分)을 균형에

맞춰서 먹게 될 경우 음식문화의 개선(改善)은 가능하다는 결론에 이른다. 가장 쉬운 예로 쌀은 사람이 주식으로 먹는다. 그러나 볏 집은 소가 먹는다. 그러므로 사람과 소의 먹거리는 같다는 답이 나온다. 가장 쉬운 말로 벌레가 먹는 것을 사람이 먹는다는 답이 있다. 그러므로 사람들의 음식을 별도로 만들거나 개발할 것이 아니라, 영양학적인 의미에서 우리 주변에 얼마든지 널려있는 자연 속에서 찾아내서 우리 인체가 필요로 하는 것들을 가려내어 음식문화의 습관을 새롭게 바꾸고, 이애 대한 좀 더 적극적인 연구를 하노라면 자연히 음식문화의 해결책이 나오게 되고, 이를 바탕으로 세계 인류의 음식문화를 개선 해 줄 수 있다는 답이 나온다.

문제는 이론보다 더 중요한 것은 실상에 대한 입증이다. 이를 위해서 '로기아 아카데미 하우스'에서는 이를 실현시켜 낼 것이다.

음식문화의 개선을 위해서 우선 과학자(科學者)라는 지성인(知性人)들의 의식이 바꿔져야 하고, 가진 자들과, 누린 자들의 마음이 바르게 돌아오기를 바라고, 다음에는 자연에 대한 새로운 연구가 시도 되어야 한다는 말이다.

그리고 우리가 버린 음식물의 찌꺼기가 생태계를 죽인다는 놀라운 사실을 지켜 보면서 음식물 찌꺼기를 버려서는 안 된다는 것이 식생활 개선으로 가능하다는 것을 보여주게 될 것이다.

3. 지구촌을 깨끗하게 지킨다

우리는 지금 마음 놓고 숨을 쉴 수가 없다.

인간들의 과학문명이 가져다 준 공해(公害) 외에 대륙에서 날아오는 황사(黃砂)와 미세(微細)먼지로 인하여 거의 질식(窒息)할 정도로 공해의 위기에 시달리고 있다. 거기에다 과학문명이 가져 온 것은 우리 인간에게 필요한 삶의 수단의 편의라고 할 것이다. 좀 더 빠르게, 좀 더 쉽게, 좀 더 예쁘게, 좀 더 배 부르게 하는 식의 현대과학문명은 더 이상 갈 수 없을 정도로 고도화 되었고, 편리하게 되었다. 그러나 거기에서 내어뿜는 화학성(化學性公害)는 어떻게 해야 할 것인가?

사람들만이 아니라 동식물을 포함한 생태계(生態界) 전체가 위협을 받고 있는데도 이에 대한 근본적인 대책이 없다. 심지어는 바다의 모든 생명체들까지도 사활(死活)의 위기에 빠져있다는 것을 모르는 사람은 없을 것이다. 나라마다 환경부(環境部)가 있고, 보건복지부(保健福祉部)가 있으나, 한결 같이 그때그때의 임기응변적(臨機應變的)인 시책은 말하면서도 근본적인 대책은 들어볼 수가 없다.

이는 단순히 어떤 약물(藥物)로는 해결할 수 없고, 이에 대한 근본적인 해결문제가 대책으로 이루어져야 한다. 이를 위해서는 우선 사람들의 힘으로 막을 수 있는 정부의 시책이 필요하다. 그리고 모든 사람들이 스스로 지켜나가야 한다.그런데도 사람들은 거의 무관심 내지 외면해 버리는 현실이다. 최선을 다 한다고 할지라도 미치지 못할 것인데 이미 한계(限界)에 이르렀는데도 사람들의 인식은 너무도 동떨어져 있다.

그러므로 이에 대한 근본적인 해결책을 마련해 내야 한다. 먼저는 환경에 대한 사람들의 위기의식과 함께 협조가 선행되어야 한다. 그 다음에 근본적인 대책이 이루어져야 한다. 그리고 이에 대한 국제간의 협력이 이루어져야 한다.

그 근본적인 해결책 중의 하나가 곧 사막지대(沙漠地帶)에 대운하(大運河)를 건설하는 것이다. 지구촌의 대륙들은 아세아, 유럽, 북미주, 남미주, 그리고 아프리카, 호주 등으로 분류하여 6대주(大洲)로 나눈다. 호주를 제외한 각 주 마다 여러 나라들로 얽혀있다. 그리고 각 주마다 사막지대가 있고, 그 사막지대에서 바람을 타고 일어난 먼지들로 인하여 사람만이 아니라 생태계 전체가 공해의 위협(威脅)을 받고 있다. 그런데도 불평불만을 말 할뿐 이에 대한 대책이 없다.

왜 사막에다 운하(運河)를 건설해야 하겠다는 논의가 없는 것인가? 각 나라의 정부로부터 시작하여 세계 최대 기구인 UN 총회에서까지 사막에 운하를 건설하자는 논의는 없다.

아프리카 대륙에 있는 리비아(Lybia) 나라 대통령 카다피(Qadhafi)의 통치 시절에 한국의 동아건설회사(東亞建設會社)에서 무려 2,000km에 이르는 운하를 건설했던 일이 있다. 그런데도 모든 정치지도자들은 이에 대한 언급을 한 일이 없다. UN에서조차 환경문제를 논하면서 이에 대한 말은 꺼내기조차 안 하고 있다.

우선 아시아만 하더라도 중국(中國)과 몽고(蒙古)의 사막지대(沙漠地帶)에서 날아오는 황사나 미세먼지는 전체 아시아 나라에 몸을 담고 있는 사람들을 비롯하여 생태계 전체를 위협해오고 있다. 그런데도 이에 대한 대책을 세우지 못하고 있다. 이는 너무도 큰 잘 못이다.

당사국인 중국과 몽골을 비롯하여 우리 대한민국과 일본나라들만이라도 서로 협력만 하면 해결책이 나올 것이다. 중국이나 몽골에 사막을 매울만한 강물이 없는 것도 아니다. 문제는 안 한다는 것이 문제다. 물은 산화작용을 하므로 쇠를 녹이고 모래를 삭혀내는 위력을 가지고 있다. 사막에 운하만 건설하면 옥토(沃土)로 일구어 낼 수 있다. 사막에 식목(植木)을 한다는 것은 전시적인 것일뿐 전혀 실효성이 없다.

사막에 운하를 건설하면 자연히 초목(草木)이 자라게 되고, 조금만 노력을 하면 광활한 벌판을 옥토로 전환시킬 수 있다.

대륙을 가로질러서 황사를 뿜어대는 사막지대는 인간들의 개오각성(改悟覺醒)을 촉구하고 있는데도, 정치 지도자들이 외면을 해 버리고, 소위 세계 첨단의 학문을 논하는 우주과학자(宇宙科學者)들이 세계 인류가 직면해 있는 위기에서 탈출하기 위한 방안에 대해서는 처음부터 눈을 감아버리고, 시급하지 않은 일에만 모든 것을 쏟아 붓고 있다. 그리고 가졌다고 하는 재벌(財閥)들조차 거의 무관심으로 일관해 버린다. 바로 그렇게 하는 것이 황사문제보다 더 큰 문제다. 인식의 변화가 없는 한 지구촌의 병(病)은 치료될 수 없다.

골목길에서 길거리 청소를 하는 일자리보다는 대륙에 널려있는 사막에 운하를 건설하는 일자리를 왜 외면하고 있는 것일까? 돈도 있고, 기술도 있고, 해 낼 수 있는 능력도 있다. 그런데도 하려는 의지(意志)가 없기 때문이다.

각 나라마다 이에 대한 유관 기구들이 구체적인 방법을 짜내고, 재벌들이 힘을 합하고, 과학자들이 기술을 짜내기만 하면 다 가능한 일이다. 중국 나라에 만리장성(萬里長城)이 있고, 리비아에 2,000km에 이르는 대운하가 있다는 것을 안다면 못한다는 말을 할 수 없을 것이다.

문제는 사람들의 인식의 부족과 지도자들의 각성이 없다는 것일 뿐이다. 각 대륙별로 선진국의 지도자들이 모여서 합의만 이루어 내면 대운하(運河)를 건설할 자금(資金)도 있고, 기술(技術)도 있고, 능력(能

力)도 있다. 문제는 그렇게 시도를 하지 않는데 문제가 있다는 것을 다시 한번 지적한다.

세계의 지도자들이 눈앞에 있는 정치적(政治的)인 논리의 실리만을 챙기기에 급급하지 말고, 전 세계의 인류(人類)와 역사적(歷史的)인 과업을 위해서 생각만 바로 가지면 할 수 있는 일이다. 전쟁(戰爭)만 안하면 세계의 평화가 찾아들고 행복이 날아온다는 힘의 논리는 전근대적(前近代的)인 낡은 사고방식일 뿐이다. 지금 당장 전 세계 인류가 시달리고 있는 공해에서 해방시켜주는 일을 해야 한다. 좀 더 거시적(巨視的)인 안목에서 세계의 역사를 새롭게 만들어나가야 한다.

총체적인 안목에서 보았을 때에 전쟁은 매우 국지적(局地的)이라고 할 것이다. 그러나 공해 문제는 전 세계적인 문제요, 단순히 사람에게만이 아니라, 동식물을 포함한 생태계(生態界) 전체의 사활(死活)을 결정짓는 위기(危機)라고 할 것이다. 그래서 이 일을 누군가가 해 내야 한다. 먼저는 좀 더 구체적인 이론(理論)을 정립해야 하고, 다음에는 구체적인 설계(設計)가 이루어져야 하고, 다음에는 세계 각국의 이해(理解)를 구해내야 하고, 그리고 이를 시행하기 위한 재력(財力)과 기술력(技術力)의 힘을 모아야 한다. 그러므로 이는 어느 한 나라만이 아니라, 전 세계가 동원해야 가능한 일이라는 말이다.

'로기아 아카데미 하우스'에서는 반드시 이를 좀 더 구체적으로 이론을 전개하여 논리(論理)를 정립하고, 기초적인 설계도(設計圖)를 작성한 다음 나아가서는 어떠한 방법으로든지 세계를 설득(說得)하여 이를 실현해 내도록 최선을 다 할 것이다. 이는 직업(職業)도 사업(事業)도 아닌 책임(責任)이요 사명(使命)이다. 이 책임과 사명은 천부적으로 하나님께로부터 받은 지시요 명령으로 알고 해 낼 것이다.

하나님의 뜻이 여기에 있고, 이것이 옳은 일이라면 반드시 이루어 잘 것을 확신한다. 반드시 해내야 한다. 그래서 세계 인류를 공해의 위기에서 살려낼 것이다.

바로 이 작업을 연천에서 해 낼 것이다.

4. 사람의 가치관 회복운동을 전개한다

우리는 자주 인권(人權)이라는 말을 듣는다. 그런데도 일을 저지른 다음에 결과적으로 인권을 논하고 있다. 그러나 참 인권(人權)에 대한 문제는 사람에 대한 가치관(價値觀)의 회복으로 해결 될 수 있는 것이다. 사람을 단순히 영물(靈物)이라고만 말하지 말고, 사람에 대한 가치관을 바로 이해만 하면 문제는 다 해결 될 것이다.

성경에 예수께서는 말씀하시기를, "사람이 만일 온 천하를 얻고도 제 목숨을 잃으면 무엇이 유익하리요? 사람이 무엇을 주고 제 목숨과 바꾸겠느냐?"라고 하셨다.

그렇다. 한 사람의 목숨은 천하를 주고도 바꿀 수 없는 천하보다도 더 값지고 가장 소중한 것이다. 아무리 가진 자들이 판을 치고 있는 세상이라고 해도 더 이상 사람의 값을 돈으로 환산해서는 안 된다. 돈 곧 경제라는 것을 강조한다고 할지라도 먼저 사람됨의 가치를 앞세워야 한다. 현대인들의 가치관이 무너졌다는 것은 바로 여기에서 지적하려는 가치관의 전도이다.

현대인들의 모든 범죄 원인은 거의가 돈에 있다. 돈 때문에 인간의 윤리의식도 다 없어졌고, 생명의 가치까지도 무너져 버렸다. 지도자라고 하는 사람들은 경제만의 논리로 사람들의 가치관을 완전히 망가뜨려 버렸다. 돈은 삶의 수단이지 목적이 아니다. 그런데 돈을 강조하다 보니까 어느새 사람의 목숨까지가 돈의 노리개 깜으로 전락하고 말았다. 이는 참으로 불행한 일이요, 슬픈 일이다.

또한 과학자들이 발명한 현대화의 기계문명은 놀라울 정도로 삶의 편의를 제공해 주고 있다. 그러나 기계문명으로 인하여 발생되는 범죄문제를 비교해 보았는가를 묻고 싶다. 기계문명의 고도화는 인간의 윤리를 근간의 바탕으로 하고 발생되어야 한다. 그런데도 사람들의 윤리관(倫理觀)은 거의 보이지 않는다. 길거리에 선(線)을 긋는 것은 하나의 질서(秩序)를 규정함이다. 이를 차선(車線)이라고 한다. 그러나 서울 수도의 골목길에 가면 차선은 있어도 인도는 엉망진창이다. 그러고도 인권을 논할 수 있겠는가를 묻는다.

'로기아 아카데미 하우스'에서는 연천 사람들과 함께 실종 된 인간의 존엄성과 가치를 반드시 회복시켜 낼 것이다. 사람이 사람답게 살아야 하고, 사람이 사람으로서 대접을 받아야 하고, 사람이면 누구에게나 사람으로서의 자유와 권리를 확보해야 한다. 여기에는 남녀노소의 차별이 있을 수 없고, 빈부의 격차도 있어서는 안 되고, 유무식의 차이도 있어서는 안 되고, 사람이면 누구에게나 주어진 천부적(天賦的)인 가치가 인정되어야 한다. 천명지위성(天命之謂性)이요, 솔성지위도(率性之謂道)요, 수도지위교(修道之謂敎)라는 원칙이 지켜져야 한다.

우주(宇宙)의 존재목적은 사람을 위함이지, 사람이 우주를 위해서 존재하는 것은 아니다.

사람에게만 이성이 있고, 양심이 있다. 사람에게는 영혼이 있고, 그 영혼이 죽지 않고 영생(永生)한다는 영혼의 불멸설(不滅說) 때문에 종교(宗敎)라는 것이 있다. 종교적인 의미에서가 아니라고 할지라도 사람이면 사람으로서의 가치를 회복해야 한다는 것은 한결 같이 부르짖는 사람됨의 요구요 절규일 것이다.

5. 성경적인 기독교의 회복운동

이는 단순히 기독교의 내부적인 문제가 아니라, 전 인류적인 과제로서의 기독교 운동을 뜻하는 말로서, 성경을 중심으로 존재(存在, Existence)의 세계와 형식(形式, Formality)의 세계를 살펴가면서 성경이 제시하고 있는 기독교 운동의 정통성(正統性)을 제시하려는 것이다. 이는 참으로 어려운 일이라는 것을 너무도 잘 알고 있다. 그러나 최소한 살아계신 하나님을 '아버지'로 믿는 기독교 신앙인이라면, '이렇게 하는 것이 하나님의 일'이라는 확신을 가지고 해야 할 것이다. 또한 그렇게 하는 것이 살아계신 하나님의 뜻이라는 확신 속에 사명이라는 마음에서 해야 할 것으로 믿는다.

어떤 교파적인 의미에서도 아니고, 자신의 명예를 위한 것이 아니라는 것은 하나님 앞에서 양심으로 고백한다. 또한 이를 위해서는 어떠한 불명예와 자기희생의 고난이 따를 것이라는 것도 잘 알고 있다.

그러나 이는 반드시 해야 할 일이라는 희생적 사명감을 갖는다. 성경의 진리대로 창조설(創造說)을 믿는 사람이라면 인간의 구원운동과 함께, 자연에 대한 것과, 역사적(歷史的)인 현실들을 결코 외면할 수 없다는 말다.

이를 위해서는 자연과학(自然科學)이나, 생리학(生理學)을 비롯하여 학문적인 면에서 전체를 포함해야 할 것이고, 사상적인 면에서 참의 가치(價値)를 찾아서 이를 바로 제시하여 삶의 기준을 세워야 할 것이다. 즉, 존재와 형식의 모든 것을 성경에서 말씀하고 있는 그대로 실현시키는 기독교 운동을 해야 한다는 말이다.

그러므로 바른 기독교 운동을 전개하기 위해서는 먼저 성경 진리에 대한 보다 더 깊은 이해가 있어야 할 것이고, 존재(存在)의 세계와 되어지는 형식의 모든 것들을 다 성경 연구의 범주에 포함시킬 것은 물론, 기록된 역사적인 사건에 대한 새로운 연구와 평가가 이루어져야 할 것이라고 생각한다. 창조주 하나님은 결코 기독교에서 부르는 하나님으로만 그쳐서는 안 된다. 유대인들이 말하는 하나님이나, 기독교의 경전(經典)인 성경에서 말씀하고 있는 하나님은 같은 것 같으면서 같지 않다는 것을 알아야 한다. 즉, 유대인들이 말하는 하나님은 자기들만의 국신(國神)으로 믿는다. 그러나 기독교에서 말하는 하나님은 존재와 형식에 대한 모든 것들의 창시자(創始者)로서 우주적인 하나님이시라는 것으로 말씀하고 있다.

그러므로 성경에서 말씀하고 있는 진리를 따라서 모든 존재와 형식을 포함하는 기독교 운동으로 성경적인 기독교 운동을 회복시키는 일을 해야 한다. 즉, 시비(是非)가 아니라 대안(代案)의 제시라는 의미에서 기독교 운동이 바로 회복 되어야 한다는 말이다.

그리고 세상에 되어지는 일들을 결코 외면해서는 성경에서 말씀하고 있는 바른 진리에 이를 수 없다는 것을 알아야 한다. 이는 비단 이론(理論)이나 주장으로 끝나는 것이 아니라, 삶의 지표(指標)가 되어야 하고, 실상(實狀)으로 나타나야 할 것이다. 예컨대 성경적인 기독교 운동을 지나칠 정도로 세상의 기복(祈福)에다 맞추려고 해도 안 되고, 성령운동을 은사(恩賜)에만 치우쳐도 안 될 것이다. 성경의 진리는 하나님의 언약(言約)으로서, 반드시 그대로 이루어질 것이다. 단순히 그것을 숙명적(宿命的)으로 받아들이는 것이 아니라, 그대로 되어질 것을 바라고, 믿고, 그대로 살아가는 인간의 삶이 되어야 한다는 말이다.

현대인들이 말하는 기독교의 전도운동은 복음의 전파(傳播)라기 보다는 하나님의 사람을 만들고, 하나님의 사람을 찾는 운동이 되어야 한다는 말이다. 예수님은 이를 위해서 "와 보라"라고 하셨고, "나를 따르라"라고 하셨고, "내게 배우라"라고 하셨다. 여기에서 참 된 기독교 운동이 이루어져야 한다고 믿는다.

여기에는 현재 하나님의 일을 한다는 미명 아래 자기의 생계수단 곧 기업형(企業型) 기독교 운동은 단호히 배제되어야 한다는 말이다.

우리 한국 교회는 기독교 2,000년사에 빛나는 금자탑(金子塔)을 이루었다고 할 만큼 전 세계 기독교계의 자랑이었다. 그런데 어느 순간에

이 지경에까지 왔는지 모를 정도로 세속화(世俗化)로 물들고 변질(變質)하여 세상이 보는 기독교는 비웃음거리로 전락(轉落)했는지 모를 정도로 자신감을 잃고 있다. 하나의 기우(杞憂)에 그치기를 바라는 마음으로 이 글을 쓴다. 그러면서도 또, 한편으로는 기독교 목회자들의 개오각성이 전제가 되어야 한다는 것을 경고의 말씀으로 드리고 싶다.

참 된 기독교운동의 회복은 어느 교단의 문제도 아니고, 어떤 인물에 의한 것도 아니다. 성경으로 돌아가야 한다는 말을 하고 싶다. 성경은 단순히 기독교의 경전(經典)으로서 가치를 가지는 것 이상으로, 성경은 하나님의 계시(啓示)요, 성경은 하나님의 말씀이요, 성경은 하나님의 진리(眞理)요, 반드시 이루실 하나님의 언약(言約)으로서의 신적권위(神的權威)를 갖는 하나님의 책이다.

그러므로 참 된 기독교 운동의 회복은 하루 속히 성경의 진리로 돌아가야 한다는 말이다. 먼저는 기독교의 지도자들이 성경적인 신앙인이어야 하고, 신학인이 되어야 한다. 성경에 대한 바른 이해가 없이는 성경적인 바른 신앙이나 신학에 접근 할 수 없기 때문이다.

'로기아 아카데미 하우스'에서는 좀 더 많은 기도와 연구로 이에 대한 좀 더 구체적인 대안(代案)을 제시하여 기독교 신앙인들에게 참 삶의 지표(指標)로 제시하려고 노력할 것이다.

모두 함께 평화롭고 행복하게 살아가는 내세 소망의 믿음을 심어주

기 위해서 최선을 다 할 것이다. 천지는 없어질 지라도 하나님의 말씀
은 일점일획도 변하지 않고 반드시 그대로 이루어 질 것을 믿는다.

6. 도서출판을 계속한다

사람이면 누구나 모태(母胎)에서 태어난 다음에는 도리도리를 배우고, 잼잼을 배우고, 섰다 섰다를 배우고, 거름마를 배우고, 제 발로 일어서서 거름마를 하면, 그 다음에는 말을 배우고, 스스로 움직이게 되면 그 때부터 시작하여 공부를 해야 한다, 그런데 공부를 한다는 것 자체가 책(冊)을 읽는 데서부터 시작된다.

사람이 책을 읽는다는 것은 더 많이 읽고 더 많이 배워서 더 많이 알수록 더 많은 사람들의 위에 올라선다는 뜻이 있어서이다. 더 많은 사람들 위에 올라선다는 말은 곧 지도자(指導者)로 올라서게 된다는 말이다. 책을 읽고 공부를 해서 자기가 살아나갈 길과 방법을 찾는 것만이 아니라, 더 많이 배워서 더 많이 알았으면 더 많은 사람들에게 자기가 아는 것을 나누어 줘야 한다는 말이다.

이는 비단 공부만이 아니라 사람이 살아가는 모든 이치가 다 더 많이 가졌으면 더 많은 사람들에게 나누어 준다는 말과도 같다. 더불어 살아가는 사람의 사회란 더 많이 가진 자들이 자기보다 못 가진 사람들과의 균형을 위해서 나누어 가져야 한다는 말과도 같다.

그런데 현대인들에게 가장 큰 위기(危機)를 가져다 준 것은 책을 멀리하게 되었다는 것을 지적하지 않을 수 없다. 현대인들이 너무도 책을 멀리 한다는 것이 더 무서운 위기를 가져오고 있다는 것을 알아야 한다. 즉, 겉보기에는 좋은 것 같으나 실상의 속사람은 날로 병들어가고 있는데도 이를 외면한다는 말이다. 기계문명의 발달로 기계를 다루는 기술은 뛰어나지만 내면의 속사람은 한없이 추락되어가고 있다는 말이다. 그 이유가 바로 책을 읽지 않기 때문이라고 생각한다.

그러므로 '로기아 아카데미 하우스'에서는 자기의 과업을 제시하기 위한 책을 편찬해 내야하고, 나아가서는 더 많은 사람들이 책을 읽도록 하기 위해서 새로운 책들을 출판 해 내고, 더 많은 책들을 수집하여 30만권 이상의 장서를 확보하여 누구나 원하는 사람이면 다 책을 읽고 더 많은 지식을 얻게 하기 위하여 도서운동(圖書運動)을 전개해 나갈 것이다.

학문(學問)이란, 인간에게는 누구에게나 영혼(靈魂)이 있으니 영적교육(靈的敎育, Spiritual Education)이어야 하고, 가치관(價値觀)을 기준으로 하는 인격교육(人格敎育, Personal Education)이라야 하고, 더불어 살아가는 공동체 사회를 위하여 사회교육(社會敎育, Social Education)이라야 하고, 그 다음에 자기의 생계를 위하여서 직업(職業)을 선택해야 하므로 전문교육(專門敎育, Professional Education)

이라야 하고, 법(法) 이전의 사람으로서 당연히 지켜야 할 윤리교육(倫理敎育, Ethics Education)이라야 한다.

그러므로 사람이면 누구나 책을 통해서 자기의 실력과 소양을 축적해야 하고, 모든 사람들의 사상을 집약(集約)하여 자기의 사상을 세워야 하고, 나아가서는 더 많은 사람들에게 일깨움을 베풀어 주어야 한다. 그래서 책을 읽고 공부를 하는 것이다.

그런데도 현대인들의 대부분이 책을 읽는 대신 기계문명의 기술(技術)을 익히고, 그것으로 돈을 벌기에만 급급하여 사람됨의 성패(成敗)를 오직 돈으로 얻어내려고 한다. 이는 분명히 현대인들이 잘못 가고 있다는 말이다. 돈은 필요한 것으로서 돈이 사람을 따라오도록 해야지, 사람이 돈을 따라가서는 안 된다는 것을 알아야 한다. 더 많은 책을 읽고, 세상에 쓸모 있는 사람이 되면 세상은 그에게 더 많은 돈을 주면서 일해 주기를 구할 것이다. 이러한 사람이 곧 돈을 따라가는 사람이 아니라, 돈이 따라오게 하는 사람이다. 책을 읽고 공부를 한다는 목적이 여기에 있다는 것을 알아야 한다.

잘못하면 사람으로서의 가치관(價値觀)에서 떠나서 동물적(動物的)인 사람으로 살아가려는 우를 범할 수 있는 것이다. 분명히 이는 잘 못된 일이라고 생각하여, '로기아 아카데미 하우스'에서는 손익(損益)의 타산을 떠나서 더 많은 책을 출판하여 더 많은 사람들이 책을 읽게 하는 일에 정진할 것이다.

현대인들에게서 일어나는 모든 범죄의 거의 모두가 경제적인 이유라고 한다면 지나친 말인지 모르겠으나, 그래도 이는 꼭 짚고 넘어가야 할 중대한 문제라고 생각한다.

아무리 현대과학문명(現代科學文明, Modern Science Civilization)의 시대라고 할지라도 역사는 반복적으로 회전하는 것이어서, 또, 다른 역사시대가 올 것을 믿는다. 그래서 그 다음의 역사시대를 맞이하기 위해서 더 많은 책을 출판하여 많은 후대의 사람들로 하여금 책을 통해서 참의 가치(價値, Value)를 배우고, 인간됨의 정도(正道, The path of right)를 가도록 길을 개척하는 일을 하겠다는 것이다. 누가 걷느냐를 묻지 말고 길을 닦아야 한다. 누가 따먹을 것인가를 묻지 말고 열매 맺는 나무를 심어야 한다.

'로기아 아카데미 하우스'가 해야 할 일은 너무도 많다.

이 외에도 "하나님이 보시기에 심히 좋았더라"라고 하신 말씀대로 하나님 앞에서, 하나님이 보시기에 좋은 일이라고 생각되는 일이면 할 것이다. 이에 대한 시비 판단은 전적으로 살아계신 하나님께 맡기고, 인간의 역사가 계속되는 한 끝까지 열심히 해낼 것이다.

어떤 사람 누구의 지시나 명령에서가 아니라, 하나님께로부터 부여

받은 천부적인 사명과 책임으로 알고 이 일을 해내야 한다. 어떠한 희생을 치를지라도 그것은 살아계신 하나님께 맡긴다. 결국 그 답은 하나님이 주실 것을 믿는다. 믿고, 하면, 된다, 하자.

연천의 이모저모

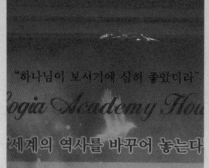

"하나님이 보시기에 심히 좋았더라"

Logia Academy House

세계의 역사를 바꾸어 놓는다

하나. 연천을 세계의 중심지로
  둘. 인간의 가치관 회복운동
  셋. 에덴동산의 음식문화 개선운동
  넷. 공해에서의 해방운동
다섯. 성경적인 기독교 회복의 운동
여섯. 이것들을 위하여 도서출판을 계속한다.

재인폭포 안내판

• 가마골 입구에 있는 18.5m 높이의 폭포
원의 탐욕으로 인한 재인의 죽음과 그 아
전설로 널리 알려져 있으나, 문헌에
기록으로도 전해 내려온다.

옛날 어느 원님이 이 마을에 사는 재인
탐하여 이 폭포 절벽에서 재인으로 하여
줄을 끊어 죽게 하고 재인의 아내를 빼앗으
재인의 아내는 남편의 원수를 갚기 위해
원님의 코를 물어 뜯고 자결하였는데, 그 뒤
아내가 원님의 코를 물었다 하여 '코문리'라
어휘가 변하여 '고문리(古文里)'라 부르게 되

있었는데 하루는 마을 사람과 이 폭포 아래에서 즐겁게
은 그 자리에서 장담하며 약속하기를, '이 절벽 양쪽에
남 하자, 마을 사람은 재인의 재주를 믿지 못하고 그 자리에

둥여 있는 외줄을 타기 시작하는데, 춤과 기교를 부리며 지
마을 사람은, 재인이 줄을 반쯤 지났을 때 줄을 끊었고
다. 이러한 일로 이 폭포를 재인폭포로 부르게 되었다
하다.

탄강이 어우러지는 주위의 빼어난 경관과 맑은 물로 인하
대표적인 명승지로 널리 알려져 있다.

에필로그

글은 역시 글일 뿐이다. 그러나 그 글 속에 마음이 숨겨져 있다.

글을 쓰는 나는 결코 글을 남들보다 잘 쓴다고는 생각해 본 일이 없다. 다만 쓰고 싶어서 쓰고, 나름대로 써야하겠다는 어떤 사명의 절박감에 잡혀서 글을 썼을 뿐이다. 나의 진심은 연천 사람들의 마음이 여기에 담겨져 있으리라는 생각을 해 본다.

어찌 한 사람이 연천 사람들의 마음을 다 말 할 수 있으랴마는, '내가 생각하는 연천 사람들의 마음은 그렇다'라고 말하고 싶어서 이 글을 썼을 뿐이다.

내가 생각하는 또, 다른 생각이 있고, 말이 있다면 그것은 이 글을 쓰는 내가 잘 못 알았기 때문이라고 사과를 드린다. 그러나 만의 하나, 가슴 속에 품고도 말하지 못한 것들을 대변(代辨)해 준 것이 있다면 소리 없는 박수를 기다리겠다.

우리 연천 사람들은 말이 없어도 자부심 속에 희망을 가지고 열심히 살아간다. 첫째는 자기 자신을 위하여, 다음에는 조국 대한민국을 위하여, 나아가서는 세계의 중심지를 만들기 위하여 두 발로 3,8선을 짓밟고 남북한의 통일을 누리고 살아간다.

변함없이 한결 같은 마음으로 열심히 살아가고 있다. 나는 대한민국 사람 된 것을 자랑삼아 살고 있다. 또한 나는 연천 사람 된 것을 자랑한다. 고마운 마음으로 이 글을 썼다.

이 글을 쓰는 나에게도 나름대로의 꿈이 있다. '하나님이 보시기에 심히 좋았더라'라고 하는 구호와 함께 남은 평생이 얼마가 되든지 하나님이 보시기에 심히 좋은 사람으로 살아가고 싶다. 그리고 하나님이 보시기에 심히 좋은 사람을 기르기 위해서 헌신의 노력을 다 쏟아 붓고 싶다. 그 뿐 아니라 얼마든지 하나님이 보시기에 심히 좋은 것들을 찾아서 연구를 계속하는 좋은 일만을 하다가, 하나님이 보시기에 심히 좋은 사람으로 하나님 나라에 가고 싶다.

여기에 바라는 것이 더 있다면, 인류의 역사가 계속되는 한 사람들은 계속해서 살아갈 것이기 때문에 그 사람들에게까지도 '하나님이 보시기에 심히 좋은 사람이 되자'라고 하는 것을 역사 속에서 외쳐 말하고 싶어서 이 글을 썼다.

글의 잘쓰고 잘 못 쓰고에 대해서는 독자 여러분의 판단에 맡기기로 하고, 여기에 연천 사람들의 안부를 담아서 마지막의 인사를 드리면서 붓을 멈춘다.

"하나님이 보시기에 심히 좋았더라"

연천 땅에 붙어서 살아가는 사람

林 永沃 드림